John F. Kennedy

Por la Biblioteca Unida
https://campsite.bio/unitedlibrary

Índice de contenidos

Índice de contenidos 2

Introducción 4

John F. Kennedy 6

   Vida temprana y educación.. 11

   Reserva Naval de los Estados Unidos (1941-1945) 17
      Comandante *del PT-109* 19
      Comandante *del PT-59*.. 22

   Premios militares.. 26
      Mención de la Medalla de la Armada y del Cuerpo
      de Marines 26

   Periodismo y diario personal.. 27

   Carrera parlamentaria (1947-1960)..................................... 28

   Cámara de Representantes (1947-1953) 29

   Senado (1953-1960) 31

   Elección presidencial de 1960... 36

   Presidencia (1961-1963)... 41

   Política exterior 45
      Cuba y la invasión de Bahía de Cochinos 47
      Crisis de los misiles en Cuba 49
      América Latina y el comunismo............................. 51
      Cuerpo de Paz 52
      Sudeste de Asia... 52
      Discurso de la American University 59
      Discurso de Berlín Occidental................................. 60
      Israel 61

- Iraq 65
- Irlanda 68
- Tratado de Prohibición de Pruebas Nucleares 68

Política interior *70*
- Economía 70
- Pena de muerte federal y militar 72
- Movimiento por los derechos civiles 73
- Libertades civiles 81
- Inmigración 82
- Relaciones con los nativos americanos 83
- Política espacial 83
- Administración, gabinete y nombramientos judiciales 88
  - Nombramientos judiciales 88

Asesinato *89*

Funeral *91*

Vida personal, familia y reputación *92*

Esposa e hijos *93*

Imagen popular *94*

Salud *96*

Incidentes familiares *99*

Asuntos y amistades *100*

Evaluaciones históricas y legado *102*
- Efecto del asesinato 102

"La era de Camelot" *104*

Presidencia *105*

Introducción

John F. Kennedy fue uno de los presidentes más influyentes de la historia de Estados Unidos.

Este libro biográfico cuenta la historia de la vida de JFK, desde sus primeros años hasta su etapa como presidente y todo lo que hay entre medias. Es una lectura fascinante para cualquier persona interesada en la historia de Estados Unidos.

El libro también incluye fotos nunca vistas de JFK y su familia, lo que lo convierte en una obra imprescindible para cualquier coleccionista o fan del difunto presidente.

John F. Kennedy fue uno de los presidentes más populares de la historia de Estados Unidos. Fue elegido en una reñida carrera en 1960, y se convirtió en el presidente más joven de la historia. Era conocido por su carisma y su buena apariencia, y era popular tanto entre los demócratas como entre los republicanos. Kennedy fue asesinado en 1963, a los dos años de su mandato. Su muerte conmocionó a la nación, y todavía se le recuerda como uno de los mejores presidentes de todos los tiempos.

Kennedy nació en el seno de una familia rica en 1917. Su padre, Joseph Kennedy Sr., era un exitoso hombre de negocios y diplomático. Su madre, Rose Kennedy, procedía de una prominente familia política. Kennedy tenía cuatro hermanos y él era el segundo hijo mayor. La familia pasaba los veranos en su finca de Hyannis Port, Massachusetts. Kennedy estudió en colegios privados y se graduó en la Universidad de Harvard en 1940.

John F. Kennedy

John Fitzgerald Kennedy (29 de mayo de 1917 - 22 de noviembre de 1963), a menudo conocido por sus iniciales como **JFK** o por el apodo de **Jack, fue** un político estadounidense que ocupó el cargo de 35º presidente de los Estados Unidos desde 1961 hasta su asesinato al final de su tercer año de mandato. Kennedy fue la persona más joven en asumir la presidencia por elección. También fue el presidente más joven al final de su mandato, y su vida fue la más corta de cualquier presidente. Kennedy ejerció su cargo en plena Guerra Fría, y la mayor parte de su labor como presidente se centró en las relaciones con la Unión Soviética y Cuba. Demócrata, representó a Massachusetts en ambas cámaras del Congreso de EE.UU. antes de su presidencia.

Nacido en el seno de la prominente familia Kennedy en Brookline, Massachusetts, Kennedy se graduó en la Universidad de Harvard en 1940 antes de alistarse en la Reserva Naval de los Estados Unidos al año siguiente. Durante la Segunda Guerra Mundial, comandó una serie de lanchas PT en el teatro de operaciones del Pacífico. La supervivencia de Kennedy al hundimiento del PT-109 y el rescate de sus compañeros lo convirtieron en un héroe de guerra, por lo que obtuvo la Medalla de la Marina y del Cuerpo de Marines, pero le dejó graves heridas. Tras un breve paso por el periodismo, Kennedy representó a un distrito de clase trabajadora de Boston en la Cámara de Representantes de Estados Unidos de 1947 a 1953. Posteriormente fue elegido para el Senado de EE.UU. y ejerció como senador junior por Massachusetts de 1953 a 1960. Durante su estancia en el Senado, Kennedy publicó su libro *Profiles in Courage (Perfiles de coraje),* que ganó un premio Pulitzer. En las elecciones presidenciales de 1960, derrotó por poco a su oponente republicano Richard Nixon, que era el vicepresidente en ejercicio. El humor, el encanto y la juventud de Kennedy, además del dinero y los contactos de su padre, fueron grandes bazas en su campaña. La campaña de Kennedy cobró impulso tras los primeros debates presidenciales televisados de la historia de Estados Unidos. Fue el primer católico elegido presidente.

La administración de Kennedy incluyó altas tensiones con los estados comunistas en la Guerra Fría. Como resultado, aumentó el número de asesores militares estadounidenses en Vietnam del Sur. El Programa Estratégico Hamlet comenzó en Vietnam durante su presidencia. En abril de 1961, autorizó un intento de derrocar al gobierno cubano de Fidel Castro en la fallida invasión de Bahía de Cochinos. En noviembre de 1961, autorizó la Operación Mangosta, también destinada a sacar a los comunistas del poder en Cuba. Rechazó la Operación Northwoods en marzo de 1962, pero su administración siguió planeando una invasión de Cuba en el verano de 1962. En octubre siguiente, los aviones espía estadounidenses descubrieron que se habían desplegado bases de misiles soviéticas en Cuba; el periodo de tensiones resultante, denominado Crisis de los Misiles de Cuba, estuvo a punto de desembocar en un conflicto termonuclear mundial. También firmó el primer tratado sobre armas nucleares en octubre de 1963. Kennedy presidió la creación de los Cuerpos de Paz, la Alianza para el Progreso con América Latina y la continuación del programa Apolo con el objetivo de llevar un hombre a la Luna antes de 1970. También apoyó el movimiento por los derechos civiles, pero sólo tuvo cierto éxito en la aprobación de sus políticas internas de la Nueva Frontera.

El 22 de noviembre de 1963 fue asesinado en Dallas. Lyndon B. Johnson, el vicepresidente, asumió la presidencia tras la muerte de Kennedy. Lee Harvey Oswald, un ex marine estadounidense, fue arrestado por el asesinato, pero fue asesinado por Jack Ruby dos días después. Tanto el FBI como la Comisión Warren concluyeron que Oswald había actuado solo. Tras la muerte de Kennedy, el Congreso promulgó muchas de sus propuestas, como la Ley de Derechos Civiles de 1964 y la Ley de Ingresos de 1964. A pesar de su presidencia truncada, Kennedy ocupa un lugar destacado en las encuestas sobre presidentes de EE.UU. entre los historiadores y el público en general. Su vida personal también ha sido objeto de un interés considerable y sostenido tras las revelaciones públicas de la década de 1970 sobre sus problemas de salud crónicos y sus relaciones extramatrimoniales. Kennedy es el último presidente estadounidense que ha muerto en el cargo.

Vida temprana y educación

John Fitzgerald Kennedy nació en las afueras de Boston, en Brookline, Massachusetts, el 29 de mayo de 1917, en el número 83 de la calle Beals, hijo de Joseph P. Kennedy Sr., empresario y político, y de Rose Kennedy (de soltera Fitzgerald), filántropa y miembro de la sociedad. Su abuelo paterno, P. J. Kennedy, fue legislador del estado de Massachusetts. El abuelo materno de Kennedy, John F. Fitzgerald, fue congresista y alcalde de Boston durante dos mandatos. Sus cuatro abuelos eran hijos de inmigrantes irlandeses. Kennedy tenía un hermano mayor, Joseph Jr., y siete hermanos menores: Rosemary, Kathleen, Eunice, Patricia, Robert, Jean y Edward.

Kennedy vivió en Brookline durante los primeros diez años de su vida. Asistió a la iglesia local de San Aidan, donde fue bautizado el 19 de junio de 1917. Fue educado hasta el cuarto grado en la Escuela de la Devoción Edward, la Escuela Inferior Noble y Greenough, y la Escuela Dexter; todas ubicadas en el área de Boston. Sus primeros recuerdos consisten en acompañar a su abuelo Fitzgerald en visitas a pie a lugares históricos de Boston y en discusiones sobre política en la mesa familiar, lo que despertó su interés por la historia y el servicio público. Los negocios de su padre le mantuvieron alejado de la familia durante largos periodos de tiempo, y sus aventuras se concentraron en Wall Street y Hollywood. En 1927, la escuela Dexter anunció que no reabriría antes de octubre tras un brote de poliomielitis en Massachusetts. En septiembre, la familia decidió trasladarse desde Boston en un "vagón de tren privado" al barrio de Riverdale, en Nueva York. Varios años más tarde, su hermano Robert declaró a la revista *Look* que su padre había abandonado Boston debido a los carteles que decían: "No Irish Need Apply". La familia pasaba los veranos y los primeros otoños en su casa de Hyannis Port, Massachusetts, un pueblo de Cape Cod, donde disfrutaban de la natación, la navegación y el fútbol americano. Las vacaciones de Navidad y Semana Santa las pasaban en su refugio de invierno en Palm Beach, Florida. El joven John asistió a la Riverdale Country School -una escuela privada para chicos- desde el 5º al 7º grado, y fue miembro de la Tropa 2 de Boy Scouts en Bronxville, Nueva York. En septiembre de 1930, Kennedy, que entonces tenía 13 años, fue enviado a la Escuela Canterbury en New Milford, Connecticut, para cursar el 8º grado. En abril de 1931, tuvo una apendicectomía, después de la cual se retiró de Canterbury y se recuperó en casa.

En septiembre de 1931, Kennedy comenzó a asistir a Choate, un prestigioso internado en Wallingford, Connecticut, del 9º al 12º grado. Su hermano mayor, Joe Jr., ya llevaba dos años en Choate y era un jugador de fútbol americano y un estudiante destacado. Pasó sus primeros años en Choate a la sombra de su hermano mayor y lo compensó con un comportamiento rebelde que atrajo a una camarilla. Su hazaña más notoria fue hacer estallar el asiento de un inodoro con un potente petardo. En la siguiente asamblea de la capilla, el estricto director, George St. John, blandió el asiento del inodoro y habló de ciertos "muckers" que "escupirían en nuestro mar". Desafiante, Kennedy siguió el ejemplo y bautizó a su grupo como "El Club de los Muckers", que incluía a su compañero de habitación y amigo de toda la vida Kirk LeMoyne "Lem" Billings.

Durante sus años en Choate, Kennedy fue acosado por problemas de salud que culminaron con su hospitalización de emergencia en 1934 en el Hospital Yale New Haven, donde los médicos sospecharon de leucemia. En junio de 1934, fue admitido en la Clínica Mayo en Rochester, Minnesota; el diagnóstico final allí fue colitis. Kennedy se graduó en Choate en junio del año siguiente, terminando en el puesto 64 de una clase de 112 estudiantes. Había sido el gerente de negocios del anuario de la escuela y fue votado como el "más probable para tener éxito".

En septiembre de 1935, Kennedy hizo su primer viaje al extranjero cuando viajó a Londres con sus padres y su hermana Kathleen. Tenía la intención de estudiar con Harold Laski en la London School of Economics (LSE), como había hecho su hermano mayor. Los problemas de salud le obligaron a regresar a Estados Unidos en octubre de ese año, cuando se matriculó tarde y asistió a la Universidad de Princeton, pero tuvo que abandonar después de dos meses debido a una enfermedad gastrointestinal. Entonces fue hospitalizado para su observación en el Hospital Peter Bent Brigham de Boston. Siguió convaleciendo en la casa de invierno de la familia en Palm Beach, y luego pasó la primavera de 1936 trabajando como peón en el rancho ganadero Jay Six, de 16.000 hectáreas, en las afueras de Benson, Arizona. Se dice que el ranchero Jack Speiden hizo trabajar a ambos hermanos "muy duro".

En septiembre de 1936, Kennedy se inscribió en el Colegio de Harvard, y su ensayo de solicitud decía: "Las razones que tengo para desear ir a Harvard son varias. Siento que Harvard puede darme una mejor formación y una mejor educación liberal que cualquier otra universidad. Siempre he querido ir allí, ya que he sentido que no es una universidad más, sino que es una universidad con algo definitivo que ofrecer. Además, me gustaría ir a la misma universidad que mi padre. Ser un "hombre de Harvard" es una distinción envidiable, que espero sinceramente alcanzar". Ese año produjo el espectáculo anual "Freshman Smoker", calificado por un crítico como "un elaborado entretenimiento, que incluía en su reparto a destacadas personalidades del mundo de la radio, la pantalla y los deportes".

Hizo pruebas en los equipos de fútbol, golf y natación y se ganó un puesto en el equipo universitario de natación. Kennedy también navegó en la clase Star y ganó el Campeonato Star de Nantucket Sound de 1936. En julio de 1937, Kennedy se embarcó hacia Francia, llevando su descapotable, y pasó diez semanas conduciendo por Europa con Billings. En junio de 1938, Kennedy se embarcó en el extranjero con su padre y su hermano mayor para trabajar en la embajada estadounidense en Londres, donde su padre era el embajador estadounidense del presidente Franklin D. Roosevelt en la Corte de St.

En 1939, Kennedy recorrió Europa, la Unión Soviética, los Balcanes y Oriente Medio para preparar su tesis de licenciatura en Harvard. Luego fue a Berlín, donde el representante diplomático de EE.UU. le dio un mensaje secreto sobre el pronto estallido de la guerra para que se lo transmitiera a su padre, y a Checoslovaquia antes de regresar a Londres el 1 de septiembre de 1939, el día en que Alemania invadió Polonia para marcar el comienzo de la Segunda Guerra Mundial. Dos días después, la familia estuvo en la Cámara de los Comunes para pronunciar un discurso de apoyo a la declaración de guerra del Reino Unido a Alemania. Kennedy fue enviado como representante de su padre para ayudar con los arreglos para los supervivientes estadounidenses del SS *Athenia* antes de volar de vuelta a los EE.UU. desde Foynes, Irlanda, en su primer vuelo transatlántico.

Mientras Kennedy estudiaba en Harvard, empezó a tomarse sus estudios más en serio y se interesó por la filosofía política. Llegó a la lista del decano en su primer año. En 1940 Kennedy terminó su tesis, "Appeasement in Munich", sobre las negociaciones británicas durante el Acuerdo de Munich. La tesis acabó convirtiéndose en un bestseller con el título "*Why England Slept*". Además de abordar la falta de voluntad de Gran Bretaña para fortalecer su ejército en el período previo a la Segunda Guerra Mundial, el libro también pedía una alianza anglo-estadounidense contra las potencias totalitarias en ascenso. Kennedy se mostró cada vez más partidario de la intervención de Estados Unidos en la Segunda Guerra Mundial, y las creencias aislacionistas de su padre provocaron la destitución de éste como embajador en el Reino Unido. Esto creó una división entre las familias Kennedy y Roosevelt.

En 1940, Kennedy se graduó *cum laude* en Harvard con una licenciatura en gobierno, concentrándose en asuntos internacionales. Ese otoño se matriculó en la Stanford Graduate School of Business y asistió a clases allí. A principios de 1941, Kennedy se marchó y ayudó a su padre a escribir unas memorias sobre su época como embajador estadounidense. Luego viajó por toda Sudamérica; su itinerario incluía Colombia, Ecuador y Perú.

Reserva Naval de los Estados Unidos (1941-1945)

Kennedy planeó asistir a la Facultad de Derecho de Yale después de asistir a cursos de derecho empresarial en Stanford, pero lo canceló cuando la entrada de Estados Unidos en la Segunda Guerra Mundial parecía inminente. En 1940, Kennedy intentó ingresar en la Escuela de Aspirantes a Oficial del ejército. A pesar de los meses de entrenamiento, fue descalificado médicamente debido a sus problemas crónicos de espalda. El 24 de septiembre de 1941, Kennedy, con la ayuda del director de la Oficina de Inteligencia Naval (ONI) y del antiguo agregado naval de Joseph Kennedy, Alan Kirk, se alistó en la Reserva Naval de los Estados Unidos. Fue comisionado como alférez el 26 de octubre de 1941, y se unió al personal de la Oficina de Inteligencia Naval en Washington, D.C.

En enero de 1942, Kennedy fue asignado a la oficina de campo del ONI en el Cuartel General del Sexto Distrito Naval, en Charleston, Carolina del Sur. Asistió a la Escuela de Formación de Oficiales de la Reserva Naval en la Universidad de Northwestern en Chicago del 27 de julio al 27 de septiembre y luego ingresó voluntariamente en el Centro de Formación de Escuadrones de Torpedos a Motor en Melville, Rhode Island. El 10 de octubre fue ascendido a teniente de navío de grado medio. A principios de noviembre, Kennedy todavía estaba de luto por la muerte de su amigo de la infancia, el subteniente del Cuerpo de Marines George Houk Mead Jr. que había muerto en acción en Guadalcanal ese agosto y había sido premiado con la Cruz de la Marina por su valentía. Acompañados por una conocida de una adinerada familia de Newport, la pareja se había detenido en Middletown, Rhode Island, en el cementerio donde el año anterior había sido enterrado el condecorado espía naval, comandante Hugo W. Koehler, USN. Paseando por las parcelas cerca de la pequeña capilla de St. Columba, Kennedy se detuvo sobre la cruz blanca de granito de Koehler y reflexionó sobre su propia mortalidad, esperando en voz alta que cuando llegara su hora, no tuviera que morir sin religión. "Pero estas cosas no se pueden fingir", añadió. "No hay faroles". Dos décadas más tarde, Kennedy y el hijastro de Koehler, el senador estadounidense Claiborne Pell se habían convertido en buenos amigos y aliados políticos, aunque habían sido conocidos desde mediados de los años 30 durante sus "días de ensalada" en el mismo "circuito" de fiestas de debutantes de Newport y cuando Pell había salido con Kathleen ("Kick") Kennedy. Kennedy completó su entrenamiento el 2 de diciembre y fue asignado al Escuadrón de Torpedos a Motor FOUR.

Su primer mando fue el *PT-101* desde el 7 de diciembre de 1942 hasta el 23 de febrero de 1943: Era una lancha torpedera de patrulla (PT) utilizada para el entrenamiento mientras Kennedy era instructor en Melville. Luego dirigió tres lanchas Huckins PT-PT-98, *PT-99*, y *PT-101*, que estaban siendo reubicadas desde el MTBRON 4 en Melville, Rhode Island, de vuelta a Jacksonville, Florida, y al nuevo MTBRON 14 (formado el 17 de febrero de 1943). Durante el viaje hacia el sur, fue hospitalizado brevemente en Jacksonville después de sumergirse en el agua fría para desatascar una hélice. A partir de entonces, a Kennedy se le asignó el servicio en Panamá y más tarde en el teatro de operaciones del Pacífico, donde llegó a comandar dos lanchas PT más.

Comandante *del PT-109*

En abril de 1943, Kennedy fue asignado al Escuadrón de Torpedos Motorizados DOS, y el 24 de abril tomó el mando *del PT-109,* que estaba basado en ese momento en la isla de Tulagi en las Salomón. En la noche del 1 al 2 de agosto, en apoyo de la campaña de Nueva Georgia, *el PT-109* se encontraba en su 31ª misión con otros catorce PTs a los que se les ordenó bloquear o repeler cuatro destructores y hidroaviones japoneses que transportaban alimentos, suministros y 900 soldados japoneses a la guarnición de Vila Plantation en el extremo sur de la isla salomónica de Kolombangara. El comandante Thomas G. Warfield de Kennedy había recibido información que esperaba la llegada de la gran fuerza naval japonesa que pasaría en la noche del 1 de agosto. De los 24 torpedos disparados esa noche por ocho de los PTs americanos, ni uno hizo blanco en el convoy japonés. En esa noche oscura y sin luna, Kennedy divisó un destructor japonés que se dirigía al norte en su regreso de la base de Kolombangara alrededor de las 2:00 a.m., e intentó girar para atacar, cuando el PT-109 fue embestido repentinamente en ángulo y cortado por la mitad por el destructor *Amagiri*, matando a dos miembros de la tripulación *del PT-109*.

Kennedy reunió alrededor de los restos a sus diez tripulantes supervivientes para votar sobre si "luchar o rendirse". Kennedy declaró: "No hay nada en el libro sobre una situación como esta. Muchos de ustedes tienen familias y algunos tienen hijos. ¿Qué queréis hacer? No tengo nada que perder". Evitando la rendición, alrededor de las 2:00 p.m. del 2 de agosto, los hombres nadaron hacia la isla Plum Pudding a 3,5 millas (5,6 km) al suroeste de los restos del *PT-109*. A pesar de volver a lesionarse la espalda en la colisión, Kennedy remolcó a un tripulante gravemente quemado a través del agua hasta la isla con la correa del chaleco salvavidas apretada entre los dientes. Kennedy nadó tres kilómetros más la noche del 2 de agosto de 1943 hasta el paso de Ferguson para intentar llamar a una lancha PT americana que pasaba por allí para acelerar el rescate de su tripulación e intentó hacer el viaje en una noche posterior, en una canoa dañada encontrada en la isla de Naru, donde había nadado con el alférez George Ross para buscar comida.

El 4 de agosto de 1943, él y su oficial ejecutivo, el alférez Lenny Thom, ayudaron a su tripulación, herida y hambrienta, en un exigente recorrido a nado de 3,75 millas (6,04 km) hacia el sureste hasta la isla Olasana, que era visible para la tripulación desde su desolado hogar en la isla Plum Pudding. Nadaron contra una fuerte corriente y, una vez más, Kennedy remolcó al maquinista de motores "Pappy" MacMahon, gravemente quemado, por su chaleco salvavidas. La isla Olasana, algo más grande, tenía cocoteros maduros, pero todavía no había agua dulce. Al día siguiente, el 5 de agosto, Kennedy y el alférez George Ross nadaron durante una hora hasta la isla de Naru, a una distancia adicional de unos 0,80 km al suroeste, en busca de ayuda y alimentos. Kennedy y Ross encontraron una pequeña canoa, paquetes de galletas, caramelos y un bidón de 50 galones de agua potable dejado por los japoneses, que Kennedy remó media milla más de vuelta a Olasana en la canoa adquirida para proporcionar a su hambrienta tripulación. Los vigilantes costeros nativos Biuku Gasa y Eroni Kumana fueron los primeros en descubrir a la tripulación del 109 en la isla de Olasana y enviaron sus mensajes a Ben Kevu, un explorador mayor que los envió al vigilante costero teniente Reginald Evans. En la mañana del 7 de agosto, Evans llamó por radio a la base del PT en Rendova. El teniente "Bud" Liebenow, amigo y antiguo compañero de tienda de Kennedy, rescató a Kennedy y a su tripulación en la isla de Olasana el 8 de agosto de 1943, a bordo de su barco, *el PT-157*.

Comandante *del PT-59*

Kennedy sólo tardó un mes en recuperarse y volver al servicio, al mando del *PT-59*. Él y su tripulación retiraron los tubos lanzatorpedos y las cargas de profundidad originales y remodelaron el buque para convertirlo en una cañonera fuertemente armada, montando dos cañones automáticos de 40 mm y diez ametralladoras Browning de calibre 50. El nuevo plan consistía en acoplar una lancha cañonera a cada sección de lanchas PT, añadiendo alcance de los cañones y poder defensivo contra las barcazas y las baterías costeras que el *59 llegó* a encontrar en varias ocasiones desde mediados de octubre hasta mediados de noviembre. El 8 de octubre de 1943, Kennedy fue ascendido a teniente. El 2 de noviembre, el *PT-59* de Kennedy participó con otros dos PTs en el exitoso rescate de 40-50 marines. El *59* actuó como escudo contra el fuego de la costa y los protegió mientras escapaban en dos embarcaciones de desembarco de rescate en la base del río Warrior en la isla de Choiseul, llevando a diez marines a bordo y poniéndolos a salvo. Por orden del médico, Kennedy fue relevado del mando *del PT-59* el 18 de noviembre y enviado al hospital de Tulagi. Desde allí regresó a los Estados Unidos a principios de enero de 1944. Después de recibir tratamiento para su lesión en la espalda, fue liberado del servicio activo a finales de 1944.

Kennedy fue hospitalizado en el Hospital Naval de Chelsea, Massachusetts, de mayo a diciembre de 1944. El 12 de junio, se le entregó la Medalla de la Marina y del Cuerpo de Marines por sus acciones heroicas el 1 y 2 de agosto de 1943, y la Medalla del Corazón Púrpura por su lesión de espalda mientras estaba en *el PT-109*. A partir de enero de 1945, Kennedy pasó tres meses más recuperándose de su lesión de espalda en Castle Hot Springs, un centro turístico y hospital militar temporal en Arizona. Después de la guerra, Kennedy consideró que la medalla que había recibido por su heroísmo no era una condecoración de combate y pidió que se le volviera a considerar para la Medalla de la Estrella de Plata para la que había sido recomendado inicialmente. El padre de Kennedy también solicitó que su hijo recibiera la Estrella de Plata, que se concede por galantería en acción.

El 12 de agosto de 1944, el hermano mayor de Kennedy, Joe Jr., piloto de la marina, murió mientras realizaba una misión aérea especial y peligrosa para la que se había ofrecido como voluntario; su avión cargado de explosivos estalló cuando sus bombas detonaron prematuramente sobre el Canal de la Mancha.

El 1 de marzo de 1945, Kennedy se retiró de la Reserva de la Marina por incapacidad física y fue dado de baja con el rango completo de teniente. Cuando más tarde le preguntaron cómo se convirtió en un héroe de guerra, Kennedy bromeó: "Fue fácil. Cortaron mi barco PT por la mitad".

En 1950, el Departamento de la Marina ofreció a Kennedy una Medalla de la Estrella de Bronce en reconocimiento a su meritorio servicio, que él rechazó. Las dos medallas originales de Kennedy se exponen actualmente en la Biblioteca y Museo Presidencial John F. Kennedy.

Premios militares

Además de las diversas medallas de campaña recibidas por su servicio en la guerra, Kennedy recibió la Medalla de la Marina y del Cuerpo de Marines por su conducta durante y después de la pérdida del PT-109, así como el Corazón Púrpura por estar herido.

Mención de la Medalla de la Armada y del Cuerpo de Marines

Por su conducta extremadamente heroica como oficial al mando de la lancha torpedera 109 tras la colisión y el hundimiento de ese buque en la zona de la Guerra del Pacífico el 1 y 2 de agosto de 1943. Sin tener en cuenta el peligro personal, el teniente (entonces teniente de grado menor) Kennedy desafió sin vacilar las dificultades y los peligros de la oscuridad para dirigir las operaciones de rescate, nadando muchas horas para conseguir ayuda y alimentos después de haber conseguido llevar a su tripulación a tierra. Su extraordinario valor, resistencia y liderazgo contribuyeron a salvar varias vidas y estuvieron en consonancia con las más altas tradiciones del Servicio Naval de los Estados Unidos.

Periodismo y diario personal

En abril de 1945, el padre de Kennedy, que era amigo de William Randolph Hearst, consiguió un puesto para su hijo como corresponsal especial para Hearst Newspapers; la asignación mantuvo el nombre de Kennedy en el ojo público y "lo expuso al periodismo como una posible carrera". Trabajó como corresponsal ese mes de mayo y fue a Berlín por segunda vez, cubriendo la Conferencia de Potsdam y otros eventos.Durante este tiempo, llevó un diario -el único que se conoce- en el que escribió que Adolf Hitler "tenía un misterio sobre él en la forma en que vivió y en la manera de su muerte que vivirá y crecerá después de él", y especuló que el dictador podría estar todavía vivo. Kennedy entregó el diario a un asistente de investigación, que lo subastó en 2017.

Carrera parlamentaria (1947-1960)

El hermano mayor de JFK, Joe, había sido el abanderado político de la familia y había sido elegido por su padre para buscar la presidencia. La muerte de Joe durante la guerra en 1944 cambió el rumbo y la tarea recayó en JFK como segundo mayor de los hermanos Kennedy.

Cámara de Representantes (1947-1953)

A instancias del padre de Kennedy, el representante estadounidense James Michael Curley dejó vacante su escaño en el fuertemente demócrata 11º distrito del Congreso de Massachusetts para convertirse en alcalde de Boston en 1946. Kennedy estableció su residencia en un edificio de apartamentos en el 122 de la calle Bowdoin, frente a la Casa del Estado de Massachusetts. Con su padre financiando y dirigiendo su campaña bajo el lema "La nueva generación ofrece un líder", Kennedy ganó las primarias demócratas con el 42% de los votos, derrotando a otros diez candidatos. Su padre bromeó después de la campaña: "Con el dinero que gasté, podría haber elegido a mi chófer". En su campaña por Boston, Kennedy pidió mejores viviendas para los veteranos, mejor atención sanitaria para todos y apoyo a la campaña de los trabajadores organizados para conseguir un horario de trabajo razonable, un lugar de trabajo saludable y el derecho a organizarse, negociar y hacer huelga. Además, hizo campaña por la paz a través de las Naciones Unidas y una fuerte oposición a la Unión Soviética. Aunque los republicanos tomaron el control de la Cámara de Representantes en las elecciones de 1946, Kennedy derrotó a su oponente republicano en las elecciones generales, obteniendo el 73% de los votos. Junto con Richard Nixon y Joseph McCarthy, Kennedy fue uno de los varios veteranos de la Segunda Guerra Mundial elegidos para el Congreso ese año.

Kennedy sirvió en la Cámara de Representantes durante seis años, formando parte del influyente Comité de Educación y Trabajo y del Comité de Asuntos de los Veteranos. Concentró su atención en los asuntos internacionales, apoyando la Doctrina Truman como la respuesta adecuada a la emergente Guerra Fría. También apoyó la vivienda pública y se opuso a la Ley de Relaciones Laborales de 1947, que restringía el poder de los sindicatos. Aunque no era tan anticomunista como McCarthy, Kennedy apoyó la Ley de Inmigración y Nacionalidad de 1952, que obligaba a los comunistas a registrarse en el gobierno, y deploró la "pérdida de China".

Habiendo servido como boy scout durante su infancia, Kennedy fue activo en el Consejo de Boston desde 1946 hasta 1955 como vicepresidente de distrito, miembro de la junta ejecutiva, vicepresidente, y representante del Consejo Nacional. Casi todos los fines de semana en los que el Congreso estaba en sesión, Kennedy volaba de vuelta a Massachusetts para dar discursos a grupos de veteranos, fraternales y cívicos, mientras mantenía un archivo de fichas de personas que podrían ser útiles para una futura campaña para un cargo estatal. JFK se propuso hablar en cada ciudad y pueblo de Massachusetts antes de 1952.

Senado (1953-1960)

Ya en 1949, Kennedy comenzó a prepararse para presentarse al Senado en 1952 contra el republicano Henry Cabot Lodge Jr. que llevaba tres mandatos, con el eslogan de campaña "KENNEDY HARA *MAS* POR MASSACHUSETTS". Joseph Kennedy volvió a financiar la candidatura de su hijo, mientras que el hermano menor de John Kennedy, Robert F. Kennedy, se convirtió en un miembro importante de la campaña como director. La campaña organizó una serie de "tés" (patrocinados por la madre y las hermanas de Kennedy) en hoteles y salones de Massachusetts para llegar a las mujeres votantes. En las elecciones presidenciales, el republicano Dwight D. Eisenhower ganó en Massachusetts por un margen de 208.000 votos, pero Kennedy derrotó a Lodge por 70.000 votos para el escaño del Senado. Al año siguiente, se casó con Jacqueline Bouvier.

Kennedy se sometió a varias operaciones de columna durante los dos años siguientes. A menudo se ausentaba del Senado, a veces estaba gravemente enfermo y recibía la extremaunción católica. Durante su convalecencia, en 1956, publicó *Profiles in Courage*, un libro sobre senadores estadounidenses que arriesgaron sus carreras por sus creencias personales, por el que ganó el Premio Pulitzer de Biografía en 1957. Los rumores de que esta obra fue coescrita por su asesor cercano y escritor de discursos, Ted Sorensen, se confirmaron en la autobiografía de Sorensen de 2008.

Al comienzo de su primer mandato, Kennedy se centró en cuestiones específicas de Massachusetts, patrocinando proyectos de ley para ayudar a las industrias pesquera, textil y relojera. En 1954, el senador Kennedy votó a favor de la vía marítima de San Lorenzo, que conectaría los Grandes Lagos con el Océano Atlántico, a pesar de la oposición de los políticos de Massachusetts, que argumentaban que el proyecto paralizaría la industria naviera de Nueva Inglaterra, incluido el puerto de Boston. Tres años más tarde, Kennedy presidió un comité especial para seleccionar a los cinco mejores senadores estadounidenses de la historia para que sus retratos pudieran decorar la Sala de Recepciones del Senado. Ese mismo año, Kennedy se unió a la Comisión de Racks Laborales del Senado con su hermano Robert (que era el abogado jefe) para investigar la infiltración del crimen en los sindicatos. En 1958, Kennedy introdujo un proyecto de ley (S. 3974) que se convirtió en el primer proyecto de ley de relaciones laborales importante que se aprobó en cualquiera de las dos cámaras desde la Ley Taft-Hartley de 1947. El proyecto de ley abordaba en gran medida el control de los abusos sindicales expuestos por el comité McClellan, pero no incorporaba las duras enmiendas Taft-Hartley solicitadas por el presidente Eisenhower. Sobrevivió a los intentos del Senado de incluir las enmiendas Taft-Hartley y consiguió su aprobación, pero fue rechazada por la Cámara.

En la Convención Nacional Demócrata de 1956, Kennedy pronunció el discurso de nominación del candidato presidencial del partido, Adlai Stevenson II. Stevenson dejó que la convención eligiera al candidato a vicepresidente. Kennedy quedó en segundo lugar en la votación, perdiendo ante el senador Estes Kefauver de Tennessee, pero recibiendo una exposición nacional como resultado.

Un asunto que exigía la atención de Kennedy en el Senado era el proyecto de ley del Presidente Eisenhower para la Ley de Derechos Civiles de 1957. Kennedy emitió un voto de procedimiento en contra y esto fue considerado por algunos como un apaciguamiento de los oponentes demócratas del sur al proyecto de ley. Kennedy votó a favor del Título III de la ley, que habría dado al Fiscal General poderes para prohibir, pero el líder de la mayoría, Lyndon B. Johnson, acordó dejar que la disposición muriera como una medida de compromiso. Kennedy también votó a favor del Título IV, denominado "Enmienda del Juicio por Jurado". Muchos defensores de los derechos civiles en ese momento criticaron ese voto como uno que debilitaría la ley. Un proyecto de ley de compromiso final, que Kennedy apoyó, fue aprobado en septiembre de 1957. El 2 de julio de 1957, propuso que Estados Unidos apoyara el esfuerzo de Argelia por independizarse de Francia. Al año siguiente, Kennedy escribió *A Nation of Immigrants* (posteriormente publicado en 1964), que analizaba la importancia de la inmigración en la historia del país, así como propuestas para reevaluar la ley de inmigración.

En 1958, Kennedy fue reelegido para un segundo mandato en el Senado, derrotando al oponente republicano, el abogado de Boston Vincent J. Celeste, por un margen de 874.608 votos, el mayor margen en la historia de la política de Massachusetts. Fue durante su campaña de reelección cuando el entonces secretario de prensa de Kennedy, Robert E. Thompson, montó una película titulada *The U.S. Senator John F. Kennedy Story (La historia del senador John F. Kennedy)*, que exhibía un día en la vida del senador y mostraba su vida familiar, así como el funcionamiento interno de su oficina para resolver asuntos relacionados con Massachusetts. Fue la película más completa producida sobre Kennedy hasta ese momento. Tras su reelección, Kennedy comenzó a prepararse para presentarse a la presidencia viajando por todo EE.UU. con el objetivo de construir su candidatura para 1960.

En lo que respecta a la conservación, Kennedy, partidario de la Sociedad Audubon de Massachusetts, quería asegurarse de que las costas de Cape Cod no se vieran afectadas por la futura industrialización. El 3 de septiembre de 1959, Kennedy copatrocinó el proyecto de ley de la Costa Nacional de Cape Cod con su colega republicano, el senador Leverett Saltonstall.

El padre de Kennedy era un gran partidario y amigo del senador Joseph McCarthy. Además, Bobby Kennedy trabajó para el subcomité de McCarthy, y McCarthy salió con la hermana de Kennedy, Patricia. Kennedy le dijo al historiador Arthur M. Schlesinger Jr., "Diablos, la mitad de mis votantes [particularmente los católicos] en Massachusetts ven a McCarthy como un héroe". En 1954, el Senado votó para censurar a McCarthy, y Kennedy redactó un discurso apoyando la censura. Sin embargo, no se pronunció porque Kennedy estaba hospitalizado en ese momento. El discurso puso a Kennedy en la aparente posición de participar "emparejando" su voto con el de otro senador y oponiéndose a la censura. Aunque Kennedy nunca indicó cómo habría votado, el episodio perjudicó su apoyo entre los miembros de la comunidad liberal, incluida Eleanor Roosevelt, en las elecciones de 1956 y 1960.

Elección presidencial de 1960

El 17 de diciembre de 1959, se filtró una carta del personal de Kennedy que debía ser enviada a "demócratas activos e influyentes" en la que se decía que anunciaría su campaña presidencial el 2 de enero de 1960. El 2 de enero de 1960, Kennedy anunció su candidatura a la nominación presidencial demócrata. Aunque algunos cuestionaron la edad y la experiencia de Kennedy, su carisma y elocuencia le ganaron numerosos partidarios. Muchos estadounidenses tenían actitudes anticatólicas, pero el apoyo vocal de Kennedy a la separación de la Iglesia y el Estado ayudó a calmar la situación. Su religión también le ayudó a ganarse la devoción de muchos votantes católicos. Kennedy se enfrentó a varios posibles aspirantes a la candidatura demócrata, como el líder de la mayoría del Senado, Lyndon B. Johnson, Adlai Stevenson II y el senador Hubert Humphrey.

La campaña presidencial de Kennedy fue un asunto familiar, financiado por su padre y con su hermano menor, Robert, como director de campaña. John prefería a los asesores políticos de la Ivy League, pero a diferencia de su padre, disfrutaba del toma y daca de la política de Massachusetts y creó un equipo de campaña mayoritariamente irlandés, encabezado por Larry O'Brien y Kenneth O'Donnell. Kennedy viajó mucho para conseguir apoyo entre las élites y los votantes demócratas. En ese momento, los funcionarios del partido controlaban la mayoría de los delegados, pero varios estados también celebraban primarias, y Kennedy trató de ganar varias primarias para aumentar sus posibilidades de ganar la nominación. En su primera gran prueba, Kennedy ganó las primarias de Wisconsin, poniendo fin a las esperanzas de Humphrey de ganar la presidencia. Sin embargo, Kennedy y Humphrey se enfrentaron en unas competitivas primarias en Virginia Occidental en las que Kennedy no pudo beneficiarse de un bloque católico, como había hecho en Wisconsin. Kennedy ganó las primarias de Virginia Occidental, impresionando a muchos en el partido, pero al comienzo de la Convención Nacional Demócrata de 1960, no estaba claro si ganaría la nominación.

Cuando Kennedy entró en la convención, tenía el mayor número de delegados, pero no los suficientes para asegurar que ganaría la nominación. Stevenson - el candidato presidencial de 1952 y 1956- seguía siendo muy popular en el partido, mientras que Johnson también esperaba ganar la nominación con el apoyo de los líderes del partido. La candidatura de Kennedy también se enfrentó a la oposición del ex presidente Harry S. Truman, que estaba preocupado por la falta de experiencia de Kennedy. Kennedy sabía que una segunda votación podría dar la nominación a Johnson o a otra persona, y su campaña, bien organizada, pudo obtener el apoyo de los delegados suficientes para ganar la nominación presidencial en la primera votación.

Kennedy ignoró la oposición de su hermano, que quería que eligiera al líder sindical Walter Reuther, y de otros partidarios liberales cuando eligió a Johnson como candidato a vicepresidente. Creía que el senador de Texas podría ayudarle a ganar el apoyo del Sur. La elección enfureció a muchos trabajadores. El presidente de la AFL-CIO, George Meany, calificó a Johnson de "archienemigo de los trabajadores", mientras que el presidente de la AFL-CIO de Illinois, Reuben Soderstrom, afirmó que Kennedy había "convertido en idiotas a los líderes del movimiento obrero estadounidense". Al aceptar la nominación presidencial, Kennedy pronunció su conocido discurso de la "Nueva Frontera", diciendo: "Porque los problemas no están todos resueltos y las batallas no están todas ganadas, y hoy estamos al borde de una Nueva Frontera. ... Pero la Nueva Frontera de la que hablo no es un conjunto de promesas, sino un conjunto de retos. No resume lo que pretendo ofrecer al pueblo estadounidense, sino lo que pretendo pedirle".

Al comienzo de la campaña de las elecciones generales de otoño, el candidato republicano y vicepresidente en funciones, Richard Nixon, llevaba una ventaja de seis puntos en las encuestas. Los temas principales incluían cómo reactivar la economía, el catolicismo romano de Kennedy, la Revolución Cubana y si los programas espaciales y de misiles de la Unión Soviética habían superado a los de Estados Unidos: "No soy el candidato católico a la presidencia. Soy el candidato del Partido Demócrata a la presidencia, que además es católico. No hablo por mi Iglesia en asuntos públicos, y la Iglesia no habla por mí". Kennedy cuestionó retóricamente que una cuarta parte de los estadounidenses fueran relegados a una ciudadanía de segunda clase sólo por ser católicos, y una vez declaró que "[n]adie me preguntó mi religión [sirviendo en la Marina] en el Pacífico Sur". A pesar de los esfuerzos de Kennedy por acallar las preocupaciones anticatólicas y declaraciones similares de figuras protestantes de alto nivel, la intolerancia religiosa perseguiría al candidato demócrata hasta el final de la campaña. Su puntuación entre los protestantes blancos sería finalmente inferior a la de Adlai Stevenson en 1956, aunque Stevenson perdió las elecciones. Algunos líderes católicos también expresaron sus reservas sobre Kennedy, pero la gran mayoría de los laicos se unieron a él.

Entre septiembre y octubre, Kennedy se enfrentó a Nixon en los primeros debates presidenciales televisados de la historia de Estados Unidos. Durante estos programas, Nixon tenía una pierna lesionada, la "sombra de las cinco", y sudaba, lo que le hacía parecer tenso e incómodo. Por el contrario, Kennedy llevaba maquillaje y parecía relajado, lo que ayudó a que la gran audiencia televisiva lo viera como ganador. En promedio, los oyentes de radio pensaron que Nixon había ganado o que los debates habían sido un empate. Los debates se consideran ahora un hito en la historia política de Estados Unidos: el momento en que el medio televisivo empezó a desempeñar un papel dominante en la política.

La campaña de Kennedy cobró impulso tras el primer debate y se situó ligeramente por delante de Nixon en la mayoría de las encuestas. El día de las elecciones, Kennedy derrotó a Nixon en una de las elecciones presidenciales más reñidas del siglo XX. En el voto popular nacional, según la mayoría de los sondeos, Kennedy aventajó a Nixon por apenas dos décimas (49,7% a 49,5%), mientras que en el Colegio Electoral obtuvo 303 votos frente a los 219 de Nixon (se necesitaban 269 para ganar). Catorce electores de Mississippi y Alabama se negaron a apoyar a Kennedy por su apoyo al movimiento de los derechos civiles; votaron por el senador Harry F. Byrd de Virginia, al igual que un elector de Oklahoma. Kennedy se convirtió en la persona más joven (43 años) elegida para la presidencia, aunque Theodore Roosevelt era un año más joven, con 42 años, cuando asumió automáticamente el cargo tras el asesinato de William McKinley en 1901.

Presidencia (1961-1963)

John F. Kennedy prestó juramento como 35º presidente a mediodía del 20 de enero de 1961. En su discurso de investidura, habló de la necesidad de que todos los estadounidenses fueran ciudadanos activos, con la famosa frase: "No preguntes lo que tu país puede hacer por ti. Pregunta qué puedes hacer tú por tu país". Pidió a las naciones del mundo que se unieran para luchar contra lo que llamó los "enemigos comunes del hombre: la tiranía, la pobreza, la enfermedad y la propia guerra". Y añadió:

"Todo esto no se terminará en los primeros cien días. Tampoco se terminará en los primeros mil días, ni en la vida de esta Administración, ni siquiera quizás en nuestra vida en este planeta. Pero empecemos". Para terminar, amplió su deseo de un mayor internacionalismo: "Por último, tanto si sois ciudadanos de Estados Unidos como si sois ciudadanos del mundo, pedidnos aquí los mismos altos niveles de fuerza y sacrificio que os pedimos a vosotros".

El discurso reflejaba la confianza de Kennedy en que su administración trazaría un rumbo históricamente significativo tanto en política interior como en asuntos exteriores. El contraste entre esta visión optimista y las presiones de la gestión de las realidades políticas diarias en el país y en el extranjero sería una de las principales tensiones de los primeros años de su administración.

Kennedy trajo a la Casa Blanca un contraste en la organización en comparación con la estructura de toma de decisiones del ex general Eisenhower, y no perdió tiempo en desechar los métodos de Eisenhower. Kennedy prefería la estructura organizativa de una rueda con todos los radios conduciendo al presidente. Estaba preparado y dispuesto a tomar el mayor número de decisiones rápidas que se requerían en ese entorno. Seleccionó una mezcla de personas con y sin experiencia para formar parte de su gabinete. "Podemos aprender nuestro trabajo juntos", afirmó.

Para disgusto de sus asesores económicos, que querían que redujera los impuestos, Kennedy aceptó rápidamente una promesa de presupuesto equilibrado. Esto era necesario a cambio de los votos para ampliar el número de miembros del Comité de Reglas de la Cámara de Representantes para dar a los demócratas una mayoría en el establecimiento de la agenda legislativa. Kennedy se centró en los asuntos inmediatos y específicos a los que se enfrentaba la administración y rápidamente expresó su impaciencia por reflexionar sobre significados más profundos. El viceconsejero de Seguridad Nacional, Walt Whitman Rostow, comenzó una vez una diatriba sobre el crecimiento del comunismo, y Kennedy le cortó abruptamente, preguntando: "¿Qué quiere que haga sobre eso hoy?"

Kennedy aprobó la controvertida decisión del Secretario de Defensa Robert McNamara de adjudicar el contrato del cazabombardero F-111 TFX (Tactical Fighter Experimental) a General Dynamics (la elección del departamento de Defensa civil) en lugar de Boeing (la elección de los militares). A petición del senador Henry Jackson, el senador John McClellan celebró 46 días de audiencias, en su mayoría a puerta cerrada, ante el Subcomité Permanente de Investigaciones, para investigar el contrato TFX entre febrero y noviembre de 1963.

Durante el verano de 1962, Kennedy hizo instalar un sistema de grabación secreto en la Casa Blanca, muy probablemente para ayudar a sus futuras memorias. Grabó muchas conversaciones con Kennedy y los miembros de su gabinete, incluidas las relacionadas con la "crisis de los misiles de Cuba".

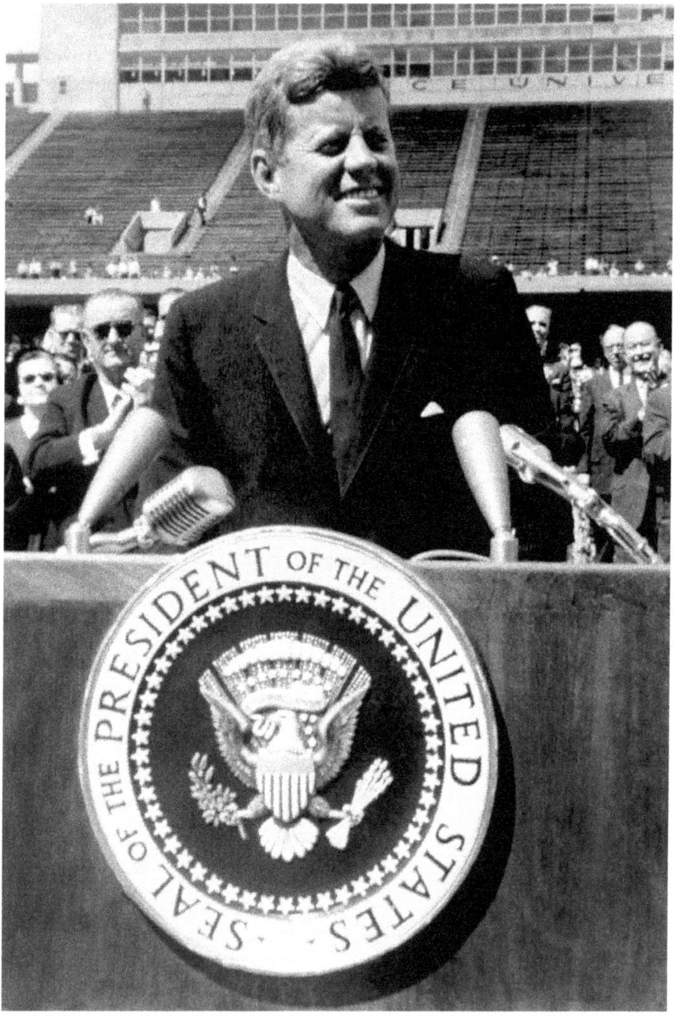
SEAL OF THE PRESIDENT OF THE UNITED STATES

Política exterior

La política exterior de Kennedy estuvo dominada por los enfrentamientos de Estados Unidos con la Unión Soviética, que se manifestaron en las contiendas por delegación en la primera etapa de la Guerra Fría. En 1961 anticipó con ansiedad una cumbre con el primer ministro soviético Nikita Khrushchev. Empezó con mal pie al reaccionar agresivamente a un discurso rutinario de Jruschov sobre la confrontación de la Guerra Fría a principios de 1961. El discurso estaba destinado al público interno de la Unión Soviética, pero Kennedy lo interpretó como un desafío personal. Su error contribuyó a aumentar las tensiones de cara a la cumbre de Viena de junio de 1961.

De camino a la cumbre, Kennedy se detuvo en París para reunirse con el presidente francés Charles de Gaulle, quien le aconsejó que ignorara el estilo abrasivo de Khrushchev. El presidente francés temía la presunta influencia de Estados Unidos en Europa. Sin embargo, de Gaulle quedó bastante impresionado con el joven presidente y su familia. Kennedy lo recogió en su discurso en París, diciendo que sería recordado como "el hombre que acompañó a Jackie Kennedy a París".

El 4 de junio de 1961, Kennedy se reunió con Khrushchev en Viena y salió de las reuniones enfadado y decepcionado por haber permitido que el premier le intimidara, a pesar de las advertencias que había recibido. Khrushchev, por su parte, estaba impresionado con la inteligencia del presidente pero lo consideraba débil. Kennedy consiguió transmitir a Khrushchev lo esencial en el asunto más delicado que tenían ante sí, un tratado propuesto entre Moscú y Berlín Oriental. Dejó claro que cualquier tratado que interfiriera con los derechos de acceso de EE.UU. a Berlín Occidental se consideraría un acto de guerra. Poco después de que Kennedy regresara a casa, la URSS anunció su plan de firmar un tratado con Berlín Este, abrogando cualquier derecho de ocupación de terceros en cualquiera de los dos sectores de la ciudad. Deprimido y enfadado, Kennedy asumió que su única opción era preparar al país para una guerra nuclear, que él personalmente pensaba que tenía una probabilidad entre cinco de producirse.

En las semanas que siguieron a la cumbre de Viena, más de 20.000 personas huyeron de Berlín Oriental hacia el sector occidental, en reacción a las declaraciones de la URSS. Kennedy comenzó a celebrar intensas reuniones sobre la cuestión de Berlín, en las que Dean Acheson tomó la iniciativa de recomendar un refuerzo militar junto a los aliados de la OTAN. En un discurso pronunciado en julio de 1961, Kennedy anunció su decisión de añadir 3.250 millones de dólares (equivalentes a 29.470 millones de dólares en 2021) al presupuesto de defensa, junto con más de 200.000 tropas adicionales, afirmando que un ataque a Berlín Occidental se tomaría como un ataque a EE.UU. El discurso recibió un 85% de aprobación.

Un mes más tarde, tanto la Unión Soviética como Berlín Oriental empezaron a bloquear el paso de los alemanes orientales a Berlín Occidental y levantaron vallas de alambre de espino, que rápidamente se convirtieron en el Muro de Berlín, alrededor de la ciudad. La reacción inicial de Kennedy fue la de ignorar esto, siempre y cuando continuara el libre acceso de Occidente a Berlín Occidental. Este rumbo se alteró cuando los berlineses occidentales perdieron la confianza en la defensa de su posición por parte de Estados Unidos. Kennedy envió al vicepresidente Johnson y a Lucius D. Clay, junto con una gran cantidad de personal militar, en convoy a través de Alemania Oriental, incluyendo los puestos de control armados por los soviéticos, para demostrar el compromiso continuo de EE.UU. con Berlín Occidental.

Kennedy pronunció un discurso en el Saint Anselm College el 5 de mayo de 1960, sobre la conducta de Estados Unidos en la emergente Guerra Fría. Su discurso detalló cómo creía que debía conducirse la política exterior estadounidense hacia las naciones africanas, señalando un indicio de apoyo al nacionalismo africano moderno al decir: "Porque nosotros también fundamos una nueva nación en la rebelión contra el dominio colonial".

Cuba y la invasión de Bahía de Cochinos

La administración Eisenhower había creado un plan para derrocar el régimen de Fidel Castro en Cuba. Dirigido por la Agencia Central de Inteligencia (CIA), con ayuda del ejército estadounidense, el plan consistía en una invasión de Cuba por parte de una insurgencia contrarrevolucionaria compuesta por exiliados cubanos anticastristas entrenados por Estados Unidos y dirigidos por oficiales paramilitares de la CIA. La intención era invadir Cuba e instigar un levantamiento entre el pueblo cubano, con la esperanza de sacar a Castro del poder. Kennedy aprobó el plan de invasión definitivo el 4 de abril de 1961.

La invasión de Bahía de Cochinos comenzó el 17 de abril de 1961. Mil quinientos cubanos entrenados por Estados Unidos, apodados Brigada 2506, desembarcaron en la isla. No se proporcionó apoyo aéreo estadounidense. El director de la CIA, Allen Dulles, declaró más tarde que pensaban que Kennedy autorizaría cualquier acción que fuera necesaria para el éxito una vez que las tropas estuvieran sobre el terreno.

Para el 19 de abril de 1961, el gobierno cubano había capturado o matado a los exiliados invasores, y Kennedy se vio obligado a negociar la liberación de los 1.189 supervivientes. Veinte meses después, Cuba liberó a los exiliados capturados a cambio de alimentos y medicinas por valor de 53 millones de dólares. El incidente hizo que Castro desconfiara de Estados Unidos y le hizo creer que se produciría otra invasión.

El biógrafo Richard Reeves dijo que Kennedy se centró principalmente en las repercusiones políticas del plan más que en consideraciones militares. Cuando no tuvo éxito, estaba convencido de que el plan era un montaje para hacerle quedar mal. Asumió la responsabilidad del fracaso, diciendo: "Nos dieron una gran patada en la pierna y nos lo merecíamos. Pero quizá aprendamos algo de ello". Nombró a Robert Kennedy para que ayudara a dirigir un comité que examinara las causas del fracaso.

A finales de 1961, la Casa Blanca formó el Grupo Especial (Aumentado), encabezado por Robert Kennedy e incluyendo a Edward Lansdale, el secretario Robert McNamara y otros. El objetivo del grupo - derrocar a Castro mediante espionaje, sabotaje y otras tácticas encubiertas - nunca se llevó a cabo. En marzo de 1962, Kennedy rechazó la Operación Northwoods, propuestas de ataques de falsa bandera contra objetivos militares y civiles estadounidenses, y los culpó al gobierno cubano con el fin de obtener la aprobación para una guerra contra Cuba. Sin embargo, la administración siguió planeando una invasión de Cuba en el verano de 1962.

Crisis de los misiles en Cuba

El 14 de octubre de 1962, los aviones espía U-2 de la CIA tomaron fotografías de la construcción por parte de los soviéticos de emplazamientos de misiles balísticos de alcance intermedio en Cuba. Las fotos fueron mostradas a Kennedy el 16 de octubre; se llegó al consenso de que los misiles eran de naturaleza ofensiva y, por tanto, suponían una amenaza nuclear inmediata.

Kennedy se enfrentaba a un dilema: si Estados Unidos atacaba los emplazamientos, podría provocar una guerra nuclear con la URSS, pero si no hacía nada, se enfrentaría a la creciente amenaza de las armas nucleares de corto alcance. Estados Unidos también aparecería ante el mundo como menos comprometido con la defensa del hemisferio. A nivel personal, Kennedy necesitaba mostrar determinación en la reacción a Khrushchev, especialmente después de la cumbre de Viena.

Más de un tercio de los miembros del Consejo de Seguridad Nacional (NSC) de Estados Unidos estaban a favor de un asalto aéreo sin previo aviso contra los emplazamientos de misiles, pero para algunos de ellos esto evocaba una imagen de "Pearl Harbor al revés". También existía cierta preocupación por parte de la comunidad internacional (preguntada confidencialmente), de que el plan de asalto fuera una reacción exagerada a la luz del hecho de que Eisenhower había colocado misiles PGM-19 Júpiter en Italia y Turquía en 1958. Tampoco se podía asegurar que el asalto fuera 100% efectivo. De acuerdo con un voto mayoritario del NSC, Kennedy decidió una cuarentena naval. El 22 de octubre, envió un mensaje a Khrushchev y anunció la decisión por televisión.

La Marina de Estados Unidos detendría e inspeccionaría todos los barcos soviéticos que llegaran a las costas de Cuba, a partir del 24 de octubre. La Organización de Estados Americanos dio su apoyo unánime a la retirada de los misiles. Kennedy intercambió dos series de cartas con Khrushchev, sin éxito. El Secretario General de las Naciones Unidas (ONU), U Thant, pidió a ambas partes que dieran marcha atrás en sus decisiones y entraran en un periodo de reflexión. Jruschov aceptó, pero Kennedy no.

Un barco de bandera soviética fue detenido y abordado. El 28 de octubre, Khrushchev aceptó desmantelar los emplazamientos de misiles, sujeto a las inspecciones de la ONU. Estados Unidos prometió públicamente no invadir nunca Cuba y aceptó en privado retirar sus misiles Júpiter de Italia y Turquía, que para entonces estaban obsoletos y habían sido sustituidos por submarinos equipados con misiles UGM-27 Polaris.

Esta crisis puso al mundo más cerca de la guerra nuclear que en ningún otro momento anterior o posterior. Se considera que prevaleció "la humanidad" tanto de Jruschov como de Kennedy. La crisis mejoró la imagen de la fuerza de voluntad estadounidense y la credibilidad del presidente. El índice de aprobación de Kennedy aumentó del 66% al 77% inmediatamente después.

América Latina y el comunismo

Con la creencia de que "aquellos que hacen imposible la revolución pacífica, harán inevitable la revolución violenta", Kennedy trató de contener la amenaza percibida del comunismo en América Latina mediante el establecimiento de la Alianza para el Progreso, que envió ayuda a algunos países y buscó mayores estándares de derechos humanos en la región. Trabajó estrechamente con el gobernador de Puerto Rico, Luis Muñoz Marín, para el desarrollo de la Alianza para el Progreso y comenzó a trabajar para impulsar la autonomía de Puerto Rico.

La administración Eisenhower, a través de la CIA, había comenzado a formular planes para asesinar a Castro en Cuba y a Rafael Trujillo en la República Dominicana. Cuando Kennedy asumió el cargo, instruyó en privado a la CIA para que cualquier plan incluyera una negación plausible por parte de Estados Unidos. En junio de 1961, el líder de la República Dominicana fue asesinado; en los días siguientes, el Subsecretario de Estado Chester Bowles dirigió una reacción cautelosa de la nación. Robert Kennedy, que vio una oportunidad para EE.UU., llamó a Bowles "un bastardo sin agallas" en su cara.

Cuerpo de Paz

En uno de sus primeros actos presidenciales, Kennedy pidió al Congreso la creación del Cuerpo de Paz. Su cuñado, Sargent Shriver, fue su primer director. A través de este programa, los estadounidenses se ofrecieron como voluntarios para ayudar a las naciones en desarrollo en campos como la educación, la agricultura, la atención sanitaria y la construcción. La organización llegó a tener 5.000 miembros en marzo de 1963 y 10.000 el año siguiente. Desde 1961, más de 200.000 estadounidenses se han unido al Cuerpo de Paz, representando a 139 países.

Sudeste de Asia

Como congresista estadounidense en 1951, Kennedy quedó fascinado con Vietnam tras visitar la zona como parte de una gran misión de investigación en Asia y Oriente Medio, e incluso subrayó en un discurso radiofónico posterior que estaba firmemente a favor de "frenar el impulso del comunismo hacia el sur". Como senador estadounidense en 1956, Kennedy abogó públicamente por una mayor implicación de Estados Unidos en Vietnam. Al informar a Kennedy, Eisenhower hizo hincapié en que la amenaza comunista en el sudeste asiático requería prioridad; Eisenhower consideraba que Laos era "el corcho de la botella" en lo que respecta a la amenaza regional. En marzo de 1961, Kennedy expresó un cambio de política, pasando de apoyar a un Laos "libre" a un Laos "neutral", indicando en privado que Vietnam, y no Laos, debía ser considerado el cable trampa de Estados Unidos para la expansión del comunismo en la zona. En mayo, envió a Lyndon Johnson a reunirse con el presidente de Vietnam del Sur, Ngo Dinh Diem. Johnson aseguró a Diem más ayuda para moldear una fuerza de combate que pudiera resistir a los comunistas. Kennedy anunció un cambio de política de apoyo a la asociación con Diem para derrotar al comunismo en Vietnam del Sur.

Durante su presidencia, Kennedy continuó con las políticas de apoyo político, económico y militar a los gobiernos de Corea del Sur y Vietnam del Sur.

Hoy tenemos un millón de estadounidenses que sirven fuera de los Estados Unidos. No hay ningún otro país en la historia que haya llevado este tipo de carga. Otros países han tenido fuerzas que sirven fuera de su propio país, pero para la conquista. Tenemos dos divisiones en Corea del Sur, no para controlar Corea del Sur, sino para defenderla. Tenemos muchos estadounidenses en Vietnam del Sur. Bueno, ningún otro país del mundo ha hecho eso desde el principio del mundo; Grecia, Roma, Napoleón y todos los demás, siempre tuvieron conquistas. Tenemos un millón de hombres fuera, y tratan de defender estos países.

El Viet Cong comenzó a asumir una presencia predominante a finales de 1961, tomando inicialmente la capital provincial de Phuoc Vinh. Tras una misión a Vietnam en octubre, el asesor presidencial, el general Maxwell D. Taylor, y el viceconsejero de Seguridad Nacional, Walt Rostow, recomendaron el despliegue de entre 6.000 y 8.000 tropas de combate estadounidenses en Vietnam. Kennedy aumentó el número de asesores militares y fuerzas especiales en la zona, de 11.000 en 1962 a 16.000 a finales de 1963, pero se mostró reacio a ordenar un despliegue de tropas a gran escala. Sin embargo, Kennedy, que estaba receloso de la exitosa guerra de independencia de la región contra Francia, también estaba ansioso por no dar la impresión al pueblo vietnamita de que Estados Unidos estaba actuando como el nuevo colonizador de la región, llegando a declarar en su diario en un momento dado que Estados Unidos se estaba "convirtiendo cada vez más en colonos en la mente de la gente." Un año y tres meses más tarde, el 8 de marzo de 1965, su sucesor, el presidente Lyndon Johnson, envió las primeras tropas de combate a Vietnam y aumentó enormemente la participación de Estados Unidos, llegando a tener 184.000 efectivos ese año y 536.000 en 1968.

A finales de 1961, Kennedy envió a Roger Hilsman, entonces director de la Oficina de Inteligencia e Investigación del Departamento de Estado, a evaluar la situación en Vietnam. Allí, Hilsman se reunió con Sir Robert Grainger Ker Thompson, jefe de la Misión Consultiva Británica en Vietnam del Sur, y se formó el Programa Estratégico Hamlet. Fue aprobado por Kennedy y el presidente de Vietnam del Sur, Ngo Dinh Diem. Se puso en marcha a principios de 1962 y supuso una reubicación forzosa, el internamiento en aldeas y la segregación de los survietnamitas rurales en nuevas comunidades donde el campesinado estaría aislado de los insurgentes comunistas. Se esperaba que estas nuevas comunidades proporcionaran seguridad a los campesinos y reforzaran el vínculo entre ellos y el gobierno central. En noviembre de 1963, el programa decayó y terminó oficialmente en 1964.

A principios de 1962, Kennedy autorizó formalmente una mayor participación cuando firmó el Memorando de Acción de Seguridad Nacional - "Insurgencia Subversiva (Guerra de Liberación)". La "Operación Mano de Rancho", un esfuerzo de defoliación aérea a gran escala, comenzó en los bordes de las carreteras de Vietnam del Sur. Dependiendo de la evaluación que Kennedy aceptara (Departamento de Defensa o de Estado), había habido un progreso nulo o modesto para contrarrestar el aumento de la agresión comunista a cambio de una mayor participación de Estados Unidos.

En abril de 1963, Kennedy evaluó la situación en Vietnam, diciendo: "No tenemos ninguna posibilidad de permanecer en Vietnam. Esa gente nos odia. Van a echarnos de allí en cualquier momento. Pero no puedo entregar ese territorio a los comunistas y hacer que el pueblo estadounidense me reelija".

El 21 de agosto, justo a la llegada del nuevo embajador estadounidense Henry Cabot Lodge Jr., Diem y su hermano Ngo Dinh Nhu ordenaron a las fuerzas de Vietnam del Sur, financiadas y entrenadas por la CIA, que sofocaran las manifestaciones budistas. La represión aumentó las expectativas de un golpe de Estado para destituir a Diem con (o quizás por) su hermano Nhu. Lodge recibió instrucciones de intentar que Diem y Nhu dimitieran y abandonaran el país. Diem no quiso escuchar a Lodge. Siguió el cable 243 (DEPTEL 243), fechado el 24 de agosto, en el que se declaraba que Washington no toleraría más las acciones de Nhu, y se ordenó a Lodge que presionara a Diem para que destituyera a Nhu. Lodge llegó a la conclusión de que la única opción era conseguir que los generales survietnamitas derrocaran a Diem y a Nhu. Al final de la semana, se enviaron órdenes a Saigón y a todo Washington de "destruir todos los cables golpistas". Al mismo tiempo, el primer sentimiento formal contra la guerra de Vietnam fue expresado por el clero estadounidense del Comité de Ministros para Vietnam.

Una reunión en la Casa Blanca en septiembre fue indicativa de las diferentes evaluaciones en curso; Kennedy recibió evaluaciones actualizadas después de inspecciones personales en el terreno por parte de los Departamentos de Defensa (General Victor Krulak) y Estado (Joseph Mendenhall). Krulak dijo que la lucha militar contra los comunistas estaba progresando y se estaba ganando, mientras que Mendenhall declaró que el país se estaba perdiendo civilmente para cualquier influencia estadounidense. Kennedy reaccionó preguntando: "¿Han visitado ustedes dos caballeros el mismo país?". Kennedy no sabía que ambos hombres estaban tan enfrentados que no se hablaron en el vuelo de regreso.

En octubre de 1963, Kennedy nombró al secretario de Defensa McNamara y al general Maxwell D. Taylor para una misión en Vietnam en otro esfuerzo por sincronizar la información y la formulación de la política. El objetivo de la misión McNamara Taylor "enfatizaba la importancia de llegar al fondo de las diferencias en la información de los representantes estadounidenses en Vietnam". En las reuniones con McNamara, Taylor y Lodge, Diem volvió a negarse a aceptar medidas de gobierno, lo que contribuyó a disipar el anterior optimismo de McNamara sobre Diem. Taylor y McNamara fueron iluminados por el vicepresidente de Vietnam, Nguyen Ngoc Tho (elegido por muchos para suceder a Diem), quien en términos detallados borró la información de Taylor de que los militares estaban teniendo éxito en el campo. Ante la insistencia de Kennedy, el informe de la misión contenía un calendario recomendado para la retirada de tropas: 1.000 para finales de año y la retirada completa en 1965, algo que el NSC consideraba una "fantasía estratégica".

A finales de octubre, los cables de inteligencia volvieron a informar de que se estaba gestando un golpe de estado contra el gobierno de Diem. La fuente, el general vietnamita Duong Van Minh (también conocido como "Big Minh"), quería saber la posición de Estados Unidos. Kennedy instruyó a Lodge para que ofreciera ayuda encubierta al golpe, excluyendo el asesinato. El 1 de noviembre de 1963, los generales survietnamitas, dirigidos por "Big Minh", derrocaron al gobierno de Diem, arrestando y luego matando a Diem y a Nhu. Kennedy quedó conmocionado por las muertes.

Las noticias del golpe de estado hicieron que se renovara la confianza -tanto en Estados Unidos como en Vietnam del Sur- en que la guerra podría ganarse. McGeorge Bundy redactó un Memorando de Acción de Seguridad Nacional para presentarlo a Kennedy a su regreso de Dallas. En él se reiteraba la determinación de luchar contra el comunismo en Vietnam, con el aumento de la ayuda militar y económica y la expansión de las operaciones en Laos y Camboya. Antes de partir hacia Dallas, Kennedy le dijo a Michael Forrestal que "después del primer día del año... [quería] un estudio en profundidad de todas las opciones posibles, incluyendo cómo salir de allí ... para revisar todo este asunto de abajo a arriba". Cuando se le preguntó qué creía que quería decir Kennedy, Forrestal dijo: "Era cosa de abogado del diablo".

Los historiadores no se ponen de acuerdo sobre si la guerra de Vietnam se habría intensificado si Kennedy no hubiera sido asesinado y hubiera ganado la reelección en 1964. Las declaraciones del Secretario de Defensa McNamara en la película "La niebla de la guerra" de que Kennedy estaba considerando fuertemente sacar a los Estados Unidos de Vietnam después de las elecciones de 1964 alimentaron el debate. La película también contiene una grabación de Lyndon Johnson afirmando que Kennedy planeaba retirarse, una posición en la que Johnson no estaba de acuerdo. Kennedy había firmado el Memorando de Acción de Seguridad Nacional (NSAM) 263, fechado el 11 de octubre, que ordenaba la retirada de 1.000 militares para finales de año, y la mayor parte de ellos para 1965. Tal acción habría sido un cambio de política, pero Kennedy se estaba moviendo públicamente en una dirección menos agresiva desde su discurso sobre la paz mundial en la American University el 10 de junio de 1963.

En el momento de la muerte de Kennedy, no se había tomado ninguna decisión política definitiva respecto a Vietnam. En 2008, el consejero de la Casa Blanca y escritor de discursos de la administración Kennedy, Ted Sorensen, escribió: "Me gustaría creer que Kennedy habría encontrado la manera de retirar a todos los instructores y asesores estadounidenses [de Vietnam]. Pero ... no creo que supiera en sus últimas semanas lo que iba a hacer". Sorensen añadió que, en su opinión, Vietnam "fue el único problema de política exterior que JFK entregó a su sucesor en una forma no mejor, y posiblemente peor, que cuando lo heredó". La implicación de Estados Unidos en la región se intensificó hasta que su sucesor, Lyndon Johnson, desplegó directamente fuerzas militares estadounidenses regulares para luchar en la guerra de Vietnam. Tras el asesinato de Kennedy, el presidente Johnson firmó el NSAM 273 el 26 de noviembre de 1963. En él se revocaba la decisión de Kennedy de retirar 1.000 soldados y se reafirmaba la política de ayuda a los vietnamitas del sur.

Discurso de la American University

El 10 de junio de 1963, Kennedy, en el punto álgido de sus poderes retóricos, pronunció el discurso de graduación en la American University de Washington, D.C. También conocido como "Una estrategia de paz", Kennedy no sólo esbozó un plan para frenar las armas nucleares, sino que también "expuso una ruta esperanzadora, aunque realista, para la paz mundial en un momento en que Estados Unidos y la Unión Soviética se enfrentaban a la posibilidad de una escalada de la carrera armamentística nuclear". Kennedy deseaba para debatir un tema sobre el que con demasiada frecuencia abunda la ignorancia y rara vez se percibe la verdad, y que, sin embargo, es el tema más importante de la tierra: la paz mundial ... Hablo de la paz debido a la nueva cara de la guerra ... en una época en la que un arma nuclear singular contiene diez veces la fuerza explosiva lanzada por todas las fuerzas aliadas en la Segunda Guerra Mundial ... una época en la que los venenos mortales producidos por un intercambio nuclear serían transportados por el viento y el aire y el suelo y las semillas a los rincones más lejanos del planeta y a las generaciones aún no nacidas ... Hablo de la paz, por lo tanto, como el fin racional necesario de los hombres racionales ... la paz mundial, como la paz de la comunidad, no requiere que cada hombre ame a su vecino, sólo requiere que vivan juntos en la tolerancia mutua ... nuestros problemas son hechos por el hombre, por lo tanto, pueden ser resueltos por el hombre. Y el hombre puede ser tan grande como quiera.

Kennedy también hizo dos anuncios: 1.) que los soviéticos habían expresado su deseo de negociar un tratado de prohibición de pruebas nucleares, y 2.) que Estados Unidos había pospuesto las pruebas atmosféricas previstas.

Discurso de Berlín Occidental

En 1963, Alemania atravesaba un momento de especial vulnerabilidad debido a la agresión soviética hacia el este, así como a la inminente retirada del Canciller de Alemania Occidental, Adenauer. Al mismo tiempo, el presidente francés Charles de Gaulle intentaba construir un contrapeso franco-alemán occidental a las esferas de influencia estadounidense y soviética. A los ojos de Kennedy, esta cooperación franco-alemana parecía dirigida contra la influencia de la OTAN en Europa.

Para reforzar la alianza de Estados Unidos con Alemania Occidental, Kennedy viajó a Alemania Occidental y a Berlín Occidental en junio de 1963. El 26 de junio, Kennedy recorrió Berlín Occidental, culminando con un discurso público en el ayuntamiento de Berlín Occidental ante cientos de miles de entusiastas berlineses. Reiteró el compromiso de Estados Unidos con Alemania y criticó el comunismo, y fue recibido con una respuesta extática por parte de una audiencia masiva. Kennedy utilizó la construcción del Muro de Berlín como ejemplo de los fracasos del comunismo: "La libertad tiene muchas dificultades, y la democracia no es perfecta. Pero nunca hemos tenido que levantar un muro para mantener a nuestro pueblo dentro, para evitar que nos abandone". El discurso es conocido por su famosa frase "*Ich bin ein Berliner*" ("Soy un habitante de Berlín"), que el propio Kennedy había empezado a ensayar para preparar el viaje. Kennedy comentó a Ted Sorensen después: "Nunca tendremos otro día como este, mientras vivamos".

Israel

En 1960, Kennedy declaró: "Israel perdurará y florecerá. Es el hijo de la esperanza y el hogar de los valientes. No puede ser quebrado por la adversidad ni desmoralizado por el éxito. Lleva el escudo de la democracia y honra la espada de la libertad".

Como presidente, Kennedy inició la creación de lazos de seguridad con Israel, y se le atribuye el mérito de ser el fundador de la alianza militar entre Estados Unidos e Israel, que continuaría bajo los presidentes posteriores. Kennedy puso fin al embargo de armas que las administraciones de Eisenhower y Truman habían aplicado a Israel. Describiendo la protección de Israel como un compromiso moral y nacional, fue el primero en introducir el concepto de una "relación especial" (como la describió a Golda Meir) entre EEUU e Israel.

Kennedy extendió las primeras garantías informales de seguridad a Israel en 1962 y, a partir de 1963, fue el primer presidente estadounidense en permitir la venta a Israel de armamento avanzado estadounidense (el MIM-23 Hawk), así como en proporcionar apoyo diplomático a las políticas israelíes, a las que se oponían los vecinos árabes; dichas políticas incluían el proyecto de agua de Israel en el río Jordán.

Como resultado de esta recién creada alianza de seguridad, Kennedy también encontró tensiones con el gobierno israelí sobre la producción de materiales nucleares en Dimona, que creía que podría instigar una carrera armamentística nuclear en Oriente Medio. Después de que el gobierno israelí negara inicialmente la existencia de una planta nuclear, David Ben-Gurion declaró en un discurso ante la Knesset israelí el 21 de diciembre de 1960 que el propósito de la planta nuclear de Beersheba era para "investigar los problemas de las zonas áridas y la flora y fauna del desierto". Cuando Ben-Gurion se reunió con Kennedy en Nueva York, afirmó que Dimona se estaba desarrollando para proporcionar energía nuclear para la desalinización y otros fines pacíficos "por el momento".

En 1963, la administración Kennedy estaba inmersa en un enfrentamiento diplomático, ahora desclasificado, con los líderes de Israel. En una carta de mayo de 1963 dirigida a Ben-Gurion, Kennedy se mostraba escéptico y afirmaba que el apoyo estadounidense a Israel podría estar en peligro si no se facilitaba información fiable sobre el programa nuclear israelí, Ben-Gurion repitió las garantías anteriores de que Dimona se estaba desarrollando con fines pacíficos. El gobierno israelí se resistió a las presiones estadounidenses para que abriera sus instalaciones nucleares a las inspecciones del Organismo Internacional de Energía Atómica (OIEA). En 1962 los gobiernos de Estados Unidos e Israel habían acordado un régimen de inspección anual. Un agregado científico de la embajada en Tel Aviv llegó a la conclusión de que algunas partes de las instalaciones de Dimona se habían cerrado temporalmente para engañar a los científicos estadounidenses cuando las visitaran.

Según Seymour Hersh, los israelíes montaron falsas salas de control para mostrar a los estadounidenses. El cabildero israelí Abe Feinberg declaró: "Era parte de mi trabajo avisarles de que Kennedy estaba insistiendo en [una inspección]". Hersh sostiene que las inspecciones se llevaron a cabo de tal manera que "garantizaba que todo el procedimiento sería poco más que un lavado de cara, como el presidente y sus principales asesores debían entender: el equipo de inspección estadounidense tendría que programar sus visitas con mucha antelación, y con la plena aquiescencia de Israel." Marc Trachtenberg argumentó que "[a]unque era muy consciente de lo que los israelíes estaban haciendo, Kennedy decidió tomar esto como una prueba satisfactoria del cumplimiento israelí de la política de no proliferación de Estados Unidos". Los documentos revelan la profunda preocupación que la Administración Kennedy tenía sobre Dimona, y aunque Kennedy entendía que los Estados Unidos y la comunidad internacional podían no ser capaces de impedir a Israel o a cualquier nación, ciertamente no estaba satisfecho al saber que Israel estaba utilizando Dimona para la producción de plutonio. El estadounidense que dirigía el equipo de inspección declaró que el objetivo esencial de las inspecciones era encontrar "la manera de no llegar al punto de tomar medidas contra el programa de armas nucleares de Israel".

Rodger Davies, director de la Oficina de Asuntos de Oriente Próximo del Departamento de Estado, concluyó en marzo de 1965 que Israel estaba desarrollando armas nucleares. Informó que la fecha objetivo de Israel para lograr la capacidad nuclear era 1968-1969. El 1 de mayo de 1968, el subsecretario de Estado Nicholas Katzenbach dijo al presidente Johnson que Dimona estaba produciendo suficiente plutonio para fabricar dos bombas al año. El Departamento de Estado argumentó que si Israel quería armas, debía aceptar la supervisión internacional de su programa nuclear. Dimona nunca se sometió a las salvaguardias del OIEA. Los intentos de incluir la adhesión de Israel al Tratado de No Proliferación Nuclear (TNP) en los contratos de suministro de armas estadounidenses continuaron durante 1968.

Los intereses nacionales israelíes, en cierta medida, también estaban en desacuerdo con el apoyo de Kennedy al Plan Johnson de las Naciones Unidas, que ideó un plan para devolver un pequeño porcentaje de palestinos desplazados de la guerra de 1948 a lo que entonces era Israel. Esta continuación del plan del difunto Secretario General de la ONU, Dag Hammarskjold, para la repatriación de los palestinos molestó especialmente a las personas que tenían una visión dura incluso del reasentamiento de los árabes en Israel, o la más temida, la repatriación completa. El plan posterior fue encabezado por el Dr. Joseph E. Johnson, de la Comisión de Conciliación de Palestina, mientras las Naciones Unidas intentaban supervisar el paso de la escritura a la acción.

Iraq

Las relaciones entre Estados Unidos e Irak se tensaron tras el derrocamiento de la monarquía iraquí el 14 de julio de 1958, que dio lugar a la declaración de un gobierno republicano dirigido por el brigadier Abd al-Karim Qasim. El 25 de junio de 1961, Qasim movilizó tropas a lo largo de la frontera entre Irak y Kuwait, declarando a esta última nación "parte indivisible de Irak" y provocando una breve "crisis de Kuwait". El Reino Unido -que acababa de conceder la independencia a Kuwait el 19 de junio y cuya economía dependía del petróleo kuwaití- respondió el 1 de julio enviando 5.000 soldados al país para disuadir una invasión iraquí. Al mismo tiempo, Kennedy envió una fuerza especial de la marina estadounidense a Bahrein, y el Reino Unido, a instancias de la administración Kennedy, llevó la disputa al Consejo de Seguridad de las Naciones Unidas, donde la resolución propuesta fue vetada por la Unión Soviética. La situación se resolvió en octubre, cuando las tropas británicas se retiraron y fueron sustituidas por una fuerza de la Liga Árabe de 4.000 efectivos, que actuó como barrera contra la amenaza iraquí.

En diciembre de 1961, el gobierno de Qasim aprobó la Ley Pública 80, que restringía la concesión de la Iraq Petroleum Company (IPC), parcialmente controlada por Estados Unidos, a las zonas en las que realmente se producía petróleo, expropiando de hecho el 99,5% de la concesión de la IPC. Los funcionarios estadounidenses se alarmaron por la expropiación, así como por el reciente veto soviético a una resolución de la ONU patrocinada por Egipto en la que se solicitaba la admisión de Kuwait como estado miembro de la ONU, que creían que estaban relacionados. Al asesor principal del Consejo de Seguridad Nacional, Robert Komer, le preocupaba que si la CIP cesaba la producción en respuesta, Qasim podría "apoderarse de Kuwait" (logrando así un "dominio" sobre la producción de petróleo de Oriente Medio) o "arrojarse a los brazos de Rusia". Komer también tomó nota de los rumores generalizados de que un golpe nacionalista contra Qasim podría ser inminente, y tenía el potencial de "volver a poner a Irak en [una] quilla más neutral".

En abril de 1962, el Departamento de Estado emitió nuevas directrices sobre Irak que pretendían aumentar la influencia estadounidense allí. Mientras tanto, Kennedy dio instrucciones a la CIA -bajo la dirección de Archibald Bulloch Roosevelt Jr.- para que comenzara a hacer los preparativos para un golpe militar contra Qasim.

El Partido Ba'ath iraquí, antiimperialista y anticomunista, derrocó y ejecutó a Qasim en un violento golpe de Estado el 8 de febrero de 1963. Aunque ha habido rumores persistentes de que la CIA orquestó el golpe, los documentos desclasificados y el testimonio de antiguos oficiales de la CIA indican que no hubo una implicación estadounidense directa, aunque la CIA estaba buscando activamente un sustituto adecuado para Qasim dentro del ejército iraquí y había sido informada de un complot golpista baasista anterior. La administración Kennedy se mostró satisfecha con el resultado y finalmente aprobó un acuerdo de armas para Irak por valor de 55 millones de dólares.

Irlanda

Durante su visita de cuatro días a su hogar ancestral de Irlanda, que comenzó el 26 de junio de 1963, Kennedy aceptó una concesión de escudos de armas del Heraldo Principal de Irlanda, recibió títulos honoríficos de la Universidad Nacional de Irlanda y del Trinity College de Dublín, asistió a una cena de Estado en Dublín, y se le confirió la libertad de las ciudades de Wexford, Cork, Dublín, Galway y Limerick. Visitó la casa de campo de Dunganstown, cerca de New Ross, en el condado de Wexford, donde habían vivido sus antepasados antes de emigrar a América.

Kennedy también fue el primer líder extranjero en dirigirse a las Cámaras del Oireachtas, el parlamento irlandés.Kennedy dijo más tarde a sus ayudantes que el viaje fueron los mejores cuatro días de su vida.

Tratado de Prohibición de Pruebas Nucleares

Preocupados por los peligros a largo plazo de la contaminación radiactiva y la proliferación de armas nucleares, Kennedy y Khrushchev acordaron negociar un tratado de prohibición de pruebas nucleares, concebido originalmente en la campaña presidencial de Adlai Stevenson en 1956. En su cumbre de Viena de junio de 1961, Khrushchev y Kennedy llegaron a un acuerdo informal contra las pruebas nucleares, pero la Unión Soviética comenzó a realizar pruebas nucleares en septiembre. En respuesta, Estados Unidos realizó pruebas cinco días después. Poco después, los nuevos satélites estadounidenses empezaron a proporcionar imágenes que dejaban claro que los soviéticos iban sustancialmente por detrás de Estados Unidos en la carrera armamentística. Sin embargo, la mayor fuerza nuclear de Estados Unidos tenía poco valor mientras la URSS se considerara en paridad.

En julio de 1963, Kennedy envió a W. Averell Harriman a Moscú para negociar un tratado con los soviéticos. En las sesiones introductorias participó Jruschov, que posteriormente delegó la representación soviética en Andrei Gromyko. Pronto quedó claro que no se aplicaría una prohibición total de las pruebas, debido en gran medida a la reticencia de los soviéticos a permitir inspecciones que verificaran su cumplimiento.

Finalmente, Estados Unidos, el Reino Unido y la Unión Soviética fueron los firmantes iniciales de un tratado limitado, que prohibía las pruebas atómicas en tierra, en la atmósfera o bajo el agua, pero no bajo tierra. El Senado estadounidense lo ratificó y Kennedy lo convirtió en ley en octubre de 1963. Francia se apresuró a declarar que era libre de seguir desarrollando y probando sus defensas nucleares.

Política interior

Kennedy llamó a su programa doméstico la "Nueva Frontera". Prometía ambiciosamente fondos federales para la educación, atención médica para los ancianos, ayuda económica a las regiones rurales y la intervención del gobierno para detener la recesión. También prometió el fin de la discriminación racial, aunque su programa, que incluía la aprobación del Proyecto de Educación de los Votantes (VEP) en 1962, produjo poco progreso en áreas como Mississippi, donde el "VEP concluyó que la discriminación estaba muy arraigada".

En su discurso sobre el Estado de la Unión de 1963, propuso una reforma fiscal sustancial y una reducción de los tipos del impuesto sobre la renta del rango actual del 20-90% a un rango del 14-65%, así como una reducción de los tipos del impuesto de sociedades del 52 al 47%. Kennedy añadió que el tipo máximo debería fijarse en el 70% si no se eliminaban ciertas deducciones para las rentas altas. El Congreso no actuó hasta 1964, un año después de su muerte, cuando el tipo máximo individual se redujo al 70%, y el tipo máximo de las empresas se fijó en el 48%.

Ante el Club Económico de Nueva York, habló en 1963 de "... la paradójica verdad de que las tasas impositivas son demasiado altas y los ingresos demasiado bajos; y la forma más sólida de aumentar los ingresos a largo plazo es bajar las tasas ahora". El Congreso aprobó pocos de los principales programas de Kennedy durante su vida, pero sí los votó en 1964 y 1965 bajo su sucesor Johnson.

Economía

Kennedy puso fin a un periodo de políticas fiscales estrictas, aflojando la política monetaria para mantener los tipos de interés bajos y fomentar el crecimiento de la economía. Presidió el primer presupuesto gubernamental que superó la marca de los 100.000 millones de dólares, en 1962, y su primer presupuesto en 1961 dio lugar al primer déficit de la nación que no era de guerra ni de recesión. La economía, que había pasado por dos recesiones en tres años y estaba en una cuando Kennedy asumió el cargo, se aceleró notablemente durante su administración. A pesar de la baja inflación y los tipos de interés, el PIB había crecido una media de sólo el 2,2% anual durante la administración de Eisenhower (apenas más que el crecimiento de la población de la época), y había disminuido un 1% durante los últimos doce meses de Eisenhower en el cargo.

La economía dio un giro y prosperó durante los años de Kennedy como presidente. El PIB creció una media del 5,5% desde principios de 1961 hasta finales de 1963, mientras que la inflación se mantuvo en torno al 1% y el desempleo disminuyó. La producción industrial aumentó un 15% y las ventas de vehículos de motor aumentaron un 40%. Este ritmo de crecimiento del PIB y de la industria se mantuvo hasta 1969, y aún no se ha repetido durante un periodo de tiempo tan sostenido.

El fiscal general Robert Kennedy adoptó la postura de que los ejecutivos del acero se habían confabulado ilegalmente para fijar los precios. Declaró: "Vamos a por todas. [...] sus cuentas de gastos, dónde han estado y qué han estado haciendo. [...] el FBI va a entrevistarlos a todos. [...] no podemos perder esto". Las acciones de la administración influyeron en que U.S. Steel anulara el aumento de precios. *El Wall Street Journal* escribió que la administración había actuado "con el poder desnudo, con amenazas, [y] con agentes de la policía de seguridad del Estado". El profesor de derecho de Yale, Charles Reich, opinó en *The New Republic* que la administración había violado las libertades civiles al convocar un gran jurado para acusar a U.S. Steel de colusión con tanta rapidez. Un editorial de *The New York Times* elogió las acciones de Kennedy y dijo que el aumento de precios de la industria siderúrgica "ponía en peligro el bienestar económico del país al invitar a una ola de inflación". Sin embargo, la Oficina de Presupuesto de la administración informó que el aumento de precios habría causado una ganancia neta para el PIB así como un superávit presupuestario neto. El mercado de valores, que había bajado constantemente desde la elección de Kennedy en 1960, cayó un 10% poco después de que se produjera la acción de la administración sobre la industria del acero.

Pena de muerte federal y militar

Durante su administración, Kennedy supervisó la última ejecución federal antes de *Furman contra Georgia*, un caso de 1972 que condujo a una moratoria de las ejecuciones federales. Victor Feguer fue condenado a muerte por un tribunal federal de Iowa y fue ejecutado el 15 de marzo de 1963. Kennedy conmutó la pena de muerte impuesta por un tribunal militar al marinero Jimmie Henderson el 12 de febrero de 1962, cambiando la pena a cadena perpetua.

El 22 de marzo de 1962, Kennedy promulgó la ley HR5143 (PL87-423), que abolía la pena de muerte obligatoria para los sospechosos de asesinato en primer grado en el Distrito de Columbia, la única jurisdicción de Estados Unidos que seguía aplicando dicha pena. La pena de muerte no se aplicaba en el Distrito de Columbia desde 1957 y ahora ha sido abolida.

Movimiento por los derechos civiles

El turbulento fin de la discriminación racial sancionada por el Estado fue una de las cuestiones internas más acuciantes de la década de 1960. La segregación de Jim Crow era la ley establecida en el Sur profundo. El Tribunal Supremo de EE.UU. había dictaminado en 1954 en el caso *Brown v. Board of Education* que la segregación racial en las escuelas públicas era inconstitucional. Muchas escuelas, especialmente las de los estados del sur, no acataron la decisión del Tribunal Supremo. El Tribunal también prohibió la segregación en otras instalaciones públicas (como autobuses, restaurantes, teatros, juzgados, baños y playas), pero aun así continuó.

Kennedy apoyó verbalmente la integración racial y los derechos civiles; durante su campaña presidencial de 1960, telefoneó a Coretta Scott King, esposa del reverendo Martin Luther King Jr. que había sido encarcelado mientras intentaba integrar el mostrador de comida de unos grandes almacenes. Robert Kennedy llamó al gobernador de Georgia, Ernest Vandiver, y consiguió que King saliera de la cárcel, lo que atrajo más apoyo negro a la candidatura de su hermano. Al asumir el cargo en 1961, Kennedy pospuso la legislación sobre derechos civiles prometida durante la campaña de 1960, reconociendo que los demócratas conservadores del sur controlaban la legislación del Congreso. Durante su primer año en el cargo, Kennedy nombró a muchas personas negras, incluyendo el nombramiento en mayo del abogado de derechos civiles Thurgood Marshall como juez federal.

En su primer Discurso sobre el Estado de la Unión, en enero de 1961, el presidente Kennedy dijo: "La negación de los derechos constitucionales a algunos de nuestros compatriotas por motivos de raza -en las urnas y en otros lugares- perturba la conciencia nacional y nos somete a la acusación de la opinión mundial de que nuestra democracia no está a la altura de la gran promesa de nuestra herencia". Kennedy creía que el movimiento popular por los derechos civiles enfurecería a muchos blancos del sur y dificultaría la aprobación de leyes de derechos civiles en el Congreso, incluyendo la legislación contra la pobreza, y se distanció de él.

Kennedy estaba preocupado por otros asuntos en la primera parte de su administración, como la Guerra Fría, el fiasco de Bahía de Cochinos y la situación en el sudeste asiático. Como lo expresó su hermano Robert, la prioridad inicial de la administración era "mantener al presidente fuera de este lío de los derechos civiles". Los participantes en el movimiento de los derechos civiles, principalmente los que estaban en primera línea en el sur, consideraban a Kennedy como tibio, especialmente en lo que respecta a los Freedom Riders, que organizaron un esfuerzo de transporte público integrado en el sur, y que se enfrentaron repetidamente a la violencia de la mafia blanca, incluso por parte de los agentes de la ley, tanto federales como estatales. Kennedy asignó alguaciles federales para proteger a los Freedom Riders en lugar de utilizar tropas federales o agentes del FBI que no cooperaban. Robert Kennedy, en nombre del presidente, instó a los Freedom Riders a "bajarse de los autobuses y dejar que el asunto se resolviera pacíficamente en los tribunales". Kennedy temía que el envío de tropas federales despertara "los odiosos recuerdos de la Reconstrucción" tras la Guerra Civil entre los blancos conservadores del Sur.

El 6 de marzo de 1961, Kennedy firmó la Orden Ejecutiva 10925, que exigía a los contratistas del gobierno "tomar medidas afirmativas para garantizar que los solicitantes sean empleados y que los empleados sean tratados durante el empleo sin tener en cuenta su raza, credo, color u origen nacional". Estableció el Comité del Presidente para la Igualdad de Oportunidades en el Empleo. Descontentos con el ritmo con el que Kennedy abordaba la cuestión de la segregación, Martin Luther King Jr. y sus colaboradores elaboraron un documento en 1962 en el que pedían a Kennedy que siguiera los pasos de Abraham Lincoln y utilizara una Orden Ejecutiva para dar un golpe a los Derechos Civiles como una especie de Segunda Proclamación de Emancipación. Kennedy no ejecutó la orden.

En septiembre de 1962, James Meredith se matriculó en la Universidad de Mississippi pero se le impidió la entrada. En respuesta a ello, el fiscal general Robert Kennedy envió a 127 U.S. Marshals y 316 U.S. Border Patrol, así como a 97 funcionarios federales de prisiones que fueron nombrados alguaciles. Los disturbios de Ole Miss de 1962 dejaron dos civiles muertos y 300 personas heridas, lo que llevó al presidente Kennedy a enviar 3.000 soldados para sofocar los disturbios. Meredith finalmente se inscribió en una clase, y Kennedy se arrepintió de no haber enviado tropas antes. Kennedy empezó a dudar de si los "males de la Reconstrucción" de las décadas de 1860 y 1870 que le habían enseñado o en los que creía eran ciertos. La subcultura instigadora durante los disturbios de Ole Miss, y muchos otros eventos encendidos racialmente, fue el Ku Klux Klan. El 20 de noviembre de 1962, Kennedy firmó la Orden Ejecutiva 11063, que prohibía la discriminación racial en las viviendas con apoyo federal o en las "instalaciones relacionadas". A pesar de ello, en Boston, la Junta de la Autoridad de la Vivienda de Boston (BHA) seguiría segregando activamente las viviendas públicas de la ciudad durante el gobierno de John F. Collins (1960-1968), con departamentos de la BHA que se resistieron burocráticamente a la integración al menos hasta 1966 y la Junta mantuvo el control sobre la asignación de los inquilinos hasta 1968.

Tanto Kennedy como Robert Kennedy estaban preocupados por los vínculos de King con los presuntos comunistas Jack O'Dell y Stanley Levison. Después de que Kennedy y su experto en derechos civiles Harris Wofford presionaran a King para que pidiera a ambos hombres que dimitieran de la SCLC, King accedió a pedir sólo a O'Dell que dimitiera de la organización y permitió que Levison, al que consideraba un asesor de confianza, permaneciera.

A principios de 1963, Kennedy relató a Martin Luther King Jr. sus pensamientos sobre las perspectivas de la legislación de derechos civiles: "Si nos enfrascamos en una larga pelea por esto en el Congreso, se atascará todo lo demás, y aun así no obtendremos ningún proyecto de ley". Los enfrentamientos por los derechos civiles iban en aumento ese año. Su hermano Robert y Ted Sorensen presionaron a Kennedy para que tomara más iniciativa en el frente legislativo.

El 11 de junio de 1963, el presidente Kennedy intervino cuando el gobernador de Alabama, George Wallace, bloqueó la puerta de la Universidad de Alabama para impedir que dos estudiantes afroamericanos, Vivian Malone y James Hood, asistieran. Wallace se apartó sólo después de ser confrontado por el Fiscal General Adjunto Nicholas Katzenbach y la Guardia Nacional de Alabama, que acababa de ser federalizada por orden del presidente. Esa noche, Kennedy pronunció su famoso Informe al Pueblo Americano sobre los Derechos Civiles en la televisión y la radio nacionales, lanzando su iniciativa de legislación sobre derechos civiles: proporcionar igualdad de acceso a las escuelas públicas y otras instalaciones, y una mayor protección del derecho al voto.

Sus propuestas pasaron a formar parte de la Ley de Derechos Civiles de 1964. El día terminó con el asesinato de un líder de la NAACP, Medgar Evers, frente a su casa en Mississippi. Como Kennedy había predicho, al día siguiente de su discurso televisivo, y como reacción al mismo, el líder de la mayoría de la Cámara de Representantes, Carl Albert, le llamó para informarle de que su esfuerzo de dos años en el Congreso para combatir la pobreza en los Apalaches (Area Redevelopment Administration) había sido derrotado, principalmente por los votos de los demócratas y republicanos del sur. Cuando Arthur M. Schlesinger Jr. felicitó a Kennedy por sus comentarios, Kennedy respondió amargamente, "Sí, y mira lo que pasó con el desarrollo del área al día siguiente en la Cámara". Luego añadió, "Pero por supuesto, tuve que dar ese discurso, y me alegro de haberlo hecho". El 16 de junio, *The New York Times* publicó un editorial en el que se argumentaba que, si bien Kennedy se había movido inicialmente "con demasiada lentitud y con escasas pruebas de un profundo compromiso moral" en lo que respecta a los derechos civiles, "ahora demostraba un auténtico sentido de la urgencia por erradicar la discriminación racial de nuestra vida nacional".

Anteriormente, Kennedy había firmado la orden ejecutiva por la que se creaba la Comisión Presidencial sobre la Condición de la Mujer el 14 de diciembre de 1961. La ex primera dama Eleanor Roosevelt dirigió la comisión. Las estadísticas de la Comisión revelaron que las mujeres también sufrían discriminación; su informe final, que documentaba las barreras legales y culturales, se publicó en octubre de 1963. Además, el 10 de junio de 1963, Kennedy firmó la Ley de Igualdad Salarial de 1963, que modificaba la Ley de Normas Laborales Justas y abolía la disparidad salarial basada en el sexo.

Más de cien mil personas, en su mayoría afroamericanos, se reunieron en Washington para la Marcha de los derechos civiles en Washington por el Empleo y la Libertad el 28 de agosto de 1963. Kennedy temía que la Marcha tuviera un efecto negativo en las perspectivas de los proyectos de ley de derechos civiles en el Congreso, y declinó una invitación para hablar. Entregó algunos detalles de la participación del gobierno al Departamento de Justicia, que canalizó cientos de miles de dólares a los seis patrocinadores de la Marcha, entre ellos el N.A.A.C.P. y la Conferencia de Liderazgo Cristiano del Sur (SCLC) de Martin Luther King.

Para asegurar una manifestación pacífica, los organizadores y Kennedy editaron personalmente los discursos que eran incendiarios y acordaron que la Marcha se celebraría un miércoles y terminaría a las 4:00 pm. Se colocaron miles de tropas en espera. Kennedy vio el discurso de King por televisión y quedó muy impresionado. La Marcha fue considerada un "triunfo de la protesta dirigida", y no se produjo ni un solo arresto relacionado con la manifestación. Después, los líderes de la Marcha aceptaron una invitación a la Casa Blanca para reunirse con Kennedy y se tomaron fotos. Kennedy sintió que la Marcha era una victoria para él también y reforzó las posibilidades de su proyecto de ley de derechos civiles.

Sin embargo, la lucha estaba lejos de terminar. Tres semanas más tarde, el domingo 15 de septiembre, una bomba estalló en la iglesia baptista de la calle 16 de Birmingham; al final del día, cuatro niños afroamericanos habían muerto en la explosión, y otros dos niños fueron asesinados a tiros después. Debido a este recrudecimiento de la violencia, la legislación sobre derechos civiles sufrió algunas enmiendas drásticas que pusieron en grave peligro cualquier perspectiva de aprobación del proyecto de ley, para indignación del presidente. Kennedy convocó a los líderes del Congreso a la Casa Blanca y, al día siguiente, el proyecto de ley original, sin los añadidos, tenía suficientes votos para salir del comité de la Cámara. Consiguiendo el apoyo de los republicanos, el senador Everett Dirksen prometió que la legislación se sometería a votación evitando un filibusterismo en el Senado. La legislación fue promulgada por el sucesor de Kennedy, el presidente Lyndon B. Johnson, impulsado por la memoria de Kennedy, después de su asesinato en noviembre, haciendo cumplir los derechos de voto, los alojamientos públicos, el empleo, la educación y la administración de justicia.

Libertades civiles

En febrero de 1962, el director del FBI, J. Edgar Hoover, que desconfiaba del líder de los derechos civiles Martin Luther King Jr. y lo consideraba un alborotador advenedizo, presentó a la administración Kennedy acusaciones de que algunos de los confidentes y asesores cercanos de King eran comunistas. Preocupado por estas acusaciones, el FBI desplegó agentes para vigilar a King en los meses siguientes. Tanto Robert Kennedy como el presidente Kennedy advirtieron a King que dejara las asociaciones sospechosas. Después de que las asociaciones continuaran, Robert Kennedy emitió una directiva escrita que autorizaba al FBI a realizar escuchas telefónicas a King y a otros líderes de la Southern Christian Leadership Conference, la organización de derechos civiles de King, en octubre de 1963.

Aunque Kennedy sólo dio su aprobación por escrito para las escuchas limitadas de los teléfonos de King "a modo de prueba, durante un mes más o menos", Hoover amplió la autorización para que sus hombres tuvieran "libertad" para buscar pruebas en cualquier área de la vida de King que consideraran digna. Las escuchas continuaron hasta junio de 1966 y fueron reveladas en 1968.

Inmigración

Durante la campaña de 1960, Kennedy propuso una revisión de las leyes de inmigración y naturalización estadounidenses para prohibir la discriminación basada en el origen nacional. Consideraba esta propuesta como una extensión de su programa de derechos civiles como presidente. Estas reformas se convirtieron más tarde en ley a través de la Ley de Inmigración y Nacionalidad de 1965, que cambió drásticamente el origen de la inmigración de los países del Norte y Europa Occidental hacia la inmigración de América Latina y Asia. El cambio de política también cambió el énfasis en la selección de los inmigrantes a favor de la reunificación familiar. El hermano del difunto presidente, el senador Edward Kennedy, de Massachusetts, ayudó a impulsar la legislación en el Senado.

Relaciones con los nativos americanos

La construcción de la presa de Kinzua inundó 10.000 acres (4.000 hectáreas) de tierras de la nación Séneca que habían ocupado en virtud del Tratado de 1794, y obligó a 600 Sénecas a trasladarse a Salamanca, Nueva York. La Unión Americana de Libertades Civiles pidió a Kennedy que interviniera y detuviera el proyecto, pero se negó alegando la necesidad crítica de controlar las inundaciones. Expresó su preocupación por la difícil situación de los Séneca y ordenó a las agencias gubernamentales que ayudaran a obtener más tierras, daños y asistencia para ayudar a mitigar su desplazamiento.

Política espacial

El programa Apolo se concibió a principios de 1960, durante el gobierno de Eisenhower, como una continuación del Proyecto Mercury, para ser utilizado como una lanzadera hacia una estación espacial orbital en la Tierra, vuelos alrededor de la Luna o aterrizaje en ella. Aunque la NASA siguió adelante con la planificación de Apolo, la financiación del programa no era ni mucho menos segura, dada la actitud ambivalente de Eisenhower hacia los vuelos espaciales tripulados. Como senador, Kennedy se había opuesto al programa espacial y quería ponerle fin.

Al construir su administración presidencial, Kennedy decidió mantener al último asesor científico de Eisenhower, Jerome Wiesner, como jefe del Comité Asesor Científico del Presidente. Wiesner se oponía firmemente a la exploración espacial tripulada, habiendo emitido un informe muy crítico con el Proyecto Mercury. Kennedy fue rechazado por diecisiete candidatos a administrador de la NASA antes de que el puesto fuera aceptado por James E. Webb, un experimentado conocedor de Washington que sirvió al presidente Truman como director de presupuesto y subsecretario de Estado. Webb demostró ser experto en obtener el apoyo del Congreso, del Presidente y del pueblo estadounidense. Kennedy también persuadió al Congreso para que enmendara la Ley Nacional de Aeronáutica y el Espacio y le permitiera delegar su presidencia del Consejo Nacional de Aeronáutica y el Espacio en el vicepresidente, tanto por el conocimiento del programa espacial que Johnson adquirió en el Senado trabajando para la creación de la NASA, como para ayudar a mantener ocupado al políticamente hábil Johnson.

En el discurso sobre el estado de la Unión de enero de 1961, Kennedy había sugerido la cooperación internacional en el espacio. Jruschov se negó, ya que los soviéticos no querían revelar el estado de sus capacidades de cohetería y espaciales. A principios de su presidencia, Kennedy estuvo a punto de desmantelar el programa espacial tripulado, pero pospuso cualquier decisión por deferencia a Johnson, que había sido un firme defensor del programa espacial en el Senado. Los asesores de Kennedy especularon con que un vuelo a la Luna tendría un coste prohibitivo, y estaba considerando planes para desmantelar el programa Apolo debido a su coste.

Esto cambió rápidamente el 12 de abril de 1961, cuando el cosmonauta soviético Yuri Gagarin se convirtió en la primera persona en volar en el espacio, reforzando los temores estadounidenses de quedarse atrás en una competencia tecnológica con la Unión Soviética. Kennedy se mostró ahora deseoso de que Estados Unidos tomara la delantera en la Carrera Espacial, por razones de seguridad nacional y prestigio. El 20 de abril envió un memorando a Johnson, pidiéndole que estudiara el estado del programa espacial estadounidense y los programas que podrían ofrecer a la NASA la oportunidad de ponerse al día. Tras consultar con Wernher von Braun, Johnson respondió aproximadamente una semana después, concluyendo que "no estamos haciendo el máximo esfuerzo ni consiguiendo los resultados necesarios para que este país alcance una posición de liderazgo". Su memorándum concluía que un alunizaje tripulado estaba lo suficientemente lejos en el futuro como para que fuera probable que Estados Unidos lo lograra primero. El asesor de Kennedy, Ted Sorensen, le aconsejó que apoyara el alunizaje, y el 25 de mayo, Kennedy anunció el objetivo en un discurso titulado "Mensaje especial al Congreso sobre las necesidades nacionales urgentes":

... Creo que esta nación debe comprometerse a lograr el objetivo, antes de que termine esta década, de hacer aterrizar a un hombre en la Luna y devolverlo sano y salvo a la Tierra. Ningún proyecto espacial en este período será más impresionante para la humanidad, o más importante para la exploración del espacio a largo plazo; y ninguno será tan difícil o caro de lograr. Texto completo

Después de que el Congreso autorizara la financiación, Webb comenzó a reorganizar la NASA, aumentando su plantilla y construyendo dos nuevos centros: un Centro de Operaciones de Lanzamiento para el gran cohete lunar al noroeste de la Estación de la Fuerza Aérea de Cabo Cañaveral, y un Centro de Naves Espaciales Tripuladas en un terreno donado por la Universidad de Rice en Houston. Kennedy aprovechó esta última ocasión para pronunciar otro discurso en Rice para promover el esfuerzo espacial el 12 de septiembre de 1962, en el que dijo

Ninguna nación que espere ser el líder de otras naciones puede esperar quedarse atrás en esta carrera por el espacio. ... Elegimos ir a la Luna en esta década y hacer las otras cosas, no porque sean fáciles, sino porque son difíciles. Texto completo

El 21 de noviembre de 1962, en una reunión de gabinete con el administrador de la NASA, Webb, y otros funcionarios, Kennedy explicó que el disparo a la Luna era importante por razones de prestigio internacional, y que el gasto estaba justificado. Johnson le aseguró que las lecciones aprendidas del programa espacial también tenían valor militar. Se esperaba que los costes del programa Apolo alcanzaran los 40.000 millones de dólares (equivalentes a 358.330 millones en 2021).

En un discurso pronunciado en septiembre de 1963 ante las Naciones Unidas, Kennedy instó a la cooperación entre soviéticos y estadounidenses en el espacio, recomendando específicamente que el Apolo se convirtiera en "una expedición conjunta a la Luna". Jruschov se negó de nuevo, y los soviéticos no se comprometieron a realizar una misión tripulada a la Luna hasta 1964. El 20 de julio de 1969, casi seis años después de la muerte de Kennedy, el Apolo 11 aterrizó la primera nave espacial tripulada en la Luna.

Administración, gabinete y nombramientos judiciales

Nombramientos judiciales

Tribunal Supremo

Kennedy nombró a los siguientes jueces para el Tribunal Supremo de los Estados Unidos:

- Byron White - 1962
- Arthur Goldberg - 1962

Otros tribunales

Además de sus dos nombramientos para el Tribunal Supremo, Kennedy nombró a 21 jueces para los Tribunales de Apelación de Estados Unidos y a 102 jueces para los tribunales de distrito de Estados Unidos.

Asesinato

El presidente Kennedy fue asesinado en Dallas a las 12:30 p.m., hora del centro (CST), el viernes 22 de noviembre de 1963. Estaba en Texas en un viaje político para suavizar las fricciones en el Partido Demócrata entre los liberales Ralph Yarborough y Don Yarborough (sin relación) y el conservador John Connally. Viajando en una caravana presidencial por el centro de Dallas, recibió un disparo en la espalda, la bala salió por la garganta, y otro en la cabeza.

Kennedy fue trasladado al Hospital Parkland para recibir tratamiento médico de urgencia, donde fue declarado muerto 30 minutos después, a la 1:00 p.m. (CST). Tenía 46 años y llevaba 1.036 días en el cargo. Lee Harvey Oswald, un encargado del Depósito de Libros de la Escuela de Texas desde donde se efectuaron los disparos, fue arrestado por el asesinato del oficial de policía J. D. Tippit y posteriormente fue acusado del asesinato de Kennedy. Negó haber disparado a nadie, alegando que era un chivo expiatorio, y fue asesinado a tiros por Jack Ruby el 24 de noviembre, antes de que pudiera ser procesado. Ruby fue detenido y condenado por el asesinato de Oswald. Ruby recurrió con éxito su condena y sentencia de muerte, pero enfermó y murió de cáncer el 3 de enero de 1967, mientras se fijaba la fecha de su nuevo juicio.

El presidente Johnson emitió rápidamente una orden ejecutiva para crear la Comisión Warren -presidida por el presidente del Tribunal Supremo Earl Warren- para investigar el asesinato. La comisión concluyó que Oswald actuó solo en el asesinato de Kennedy y que no formó parte de ninguna conspiración. Los resultados de esta investigación son discutidos por muchos. El asesinato resultó ser un momento crucial en la historia de EE.UU. por su impacto en la nación y las repercusiones políticas subsiguientes. Una encuesta de Fox News de 2004 reveló que el 66% de los estadounidenses pensaba que había habido una conspiración para matar al presidente Kennedy, mientras que el 74% pensaba que había habido un encubrimiento. Una encuesta de Gallup en noviembre de 2013 mostró que el 61% creía en una conspiración, y sólo el 30% pensaba que Oswald lo hizo solo. En 1979, el Comité Selecto de Asesinatos de la Cámara de Representantes de Estados Unidos concluyó, con un tercio del comité en desacuerdo, que creía "que Kennedy fue probablemente asesinado como resultado de una conspiración". El comité fue incapaz de identificar a los otros pistoleros o el alcance de la conspiración". Esta conclusión se basó en gran medida en las grabaciones de audio del tiroteo. Posteriormente, los informes de investigación de la División de Servicios Técnicos del FBI y un Comité de la Academia Nacional de Ciencias especialmente designado determinaron que "los datos acústicos fiables no apoyan la conclusión de que hubiera un segundo pistolero." El Departamento de Justicia concluyó "que no se pueden identificar pruebas persuasivas que apoyen la teoría de una conspiración" en el asesinato de Kennedy.

Funeral

El 25 de noviembre de 1963 se celebró una misa de réquiem por Kennedy en la Catedral de San Mateo Apóstol. Después, Kennedy fue enterrado en una pequeña parcela, de 6 por 6 metros, en el Cementerio Nacional de Arlington. Durante tres años (1964-1966), se calcula que 16 millones de personas visitaron su tumba. El 14 de marzo de 1967, los restos de Kennedy fueron desenterrados y trasladados a pocos metros de distancia a una parcela de enterramiento permanente y a un monumento conmemorativo. Fue a partir de este monumento que se modelaron las tumbas de Robert y Ted Kennedy.

La guardia de honor en la tumba de Kennedy fue la 37ª promoción de cadetes del ejército irlandés. Kennedy quedó muy impresionado por los cadetes irlandeses en su última visita oficial a Irlanda, hasta el punto de que Jacqueline Kennedy solicitó que el ejército irlandés fuera la guardia de honor en el funeral de su marido.

Jacqueline y sus dos hijos menores fallecidos fueron enterrados posteriormente en la misma parcela. El hermano de Kennedy, Robert, fue enterrado cerca en junio de 1968. En agosto de 2009, Ted también fue enterrado cerca de sus dos hermanos. La tumba de John F. Kennedy está iluminada con una "llama eterna". Kennedy y William Howard Taft son los dos únicos presidentes estadounidenses enterrados en Arlington.

Vida personal, familia y reputación

La familia Kennedy es una de las familias políticas más consolidadas de Estados Unidos, de la que han salido un presidente, tres senadores, tres embajadores y muchos otros representantes y políticos, tanto a nivel federal como estatal. Mientras era congresista, Kennedy se embarcó en un viaje de siete semanas a la India, Japón, Vietnam e Israel en 1951, momento en el que se hizo amigo de su hermano Bobby, que entonces tenía 25 años, así como de su hermana Pat, de 27 años. Como les separaban varios años de edad, los hermanos se habían visto poco antes. Este viaje de 40.000 km fue el primer tiempo que pasaron juntos y les hizo convertirse en mejores amigos. Bobby acabaría desempeñando un papel importante en la carrera de su hermano, siendo su fiscal general y asesor presidencial. Más tarde, Bobby se presentaría a la presidencia en 1968, antes de ser asesinado, mientras que otro hermano de los Kennedy, Ted, se presentó a la presidencia en 1980.

Kennedy ocupó el tercer lugar (por detrás de Martin Luther King Jr. y la Madre Teresa) en la Lista de Personas Ampliamente Admiradas del siglo XX de Gallup. Kennedy era miembro vitalicio de la Asociación Nacional del Rifle.

Esposa e hijos

Kennedy conoció a su futura esposa, Jacqueline Lee "Jackie" Bouvier (1929-1994), cuando era congresista. Charles L. Bartlett, un periodista, presentó a la pareja en una cena. Se casaron un año después de que él fuera elegido senador, el 12 de septiembre de 1953. Después de sufrir un aborto espontáneo en 1955 y de que naciera muerta en 1956 (su hija Arabella), su hija Caroline nació en 1957 y es el único miembro superviviente de la familia inmediata de JFK. John Fitzgerald Kennedy Jr., apodado "John-John" por la prensa cuando era niño, nació a finales de noviembre de 1960, 17 días después de que su padre fuera elegido. John Jr., graduado en la Universidad de Brown, murió en 1999 cuando la avioneta que pilotaba se estrelló de camino a Martha's Vineyard. En 1963, meses antes del asesinato de JFK, Jackie dio a luz a un hijo, Patrick. Sin embargo, murió a los dos días debido a complicaciones en el parto.

Imagen popular

Kennedy y su esposa eran más jóvenes en comparación con los presidentes y primeras damas que les precedieron, y ambos eran populares en la cultura de los medios de comunicación en formas más comunes a los cantantes de pop y las estrellas de cine que a los políticos, influyendo en las tendencias de la moda y convirtiéndose en los temas de numerosos reportajes fotográficos en las revistas populares. Aunque Eisenhower había permitido que las conferencias de prensa presidenciales se filmaran para la televisión, Kennedy fue el primer presidente que pidió que se retransmitieran en directo e hizo un buen uso del medio. En 1961, la Asociación de Directores de Noticias de Radio y Televisión otorgó a Kennedy su más alto honor, el Premio Paul White, en reconocimiento a su relación abierta con los medios de comunicación.

La Sra. Kennedy trajo nuevas obras de arte y muebles a la Casa Blanca y dirigió su restauración. Invitaron a una serie de artistas, escritores e intelectuales a las cenas de la Casa Blanca, elevando el perfil de las artes en Estados Unidos. En el jardín de la Casa Blanca, los Kennedy crearon una piscina y una casa en el árbol, mientras que Caroline asistía a un centro de preescolar junto con otros 10 niños dentro de la casa.

Kennedy estaba estrechamente vinculado a la cultura popular, lo que se pone de manifiesto en canciones como "Twisting at the White House". El álbum de comedia *First Family* de Vaughn Meader, que parodiaba al presidente, a la primera dama, a su familia y a la administración, vendió unos cuatro millones de copias. El 19 de mayo de 1962, Marilyn Monroe cantó "Happy Birthday, Mr. President" en una gran fiesta en el Madison Square Garden, para celebrar el próximo cuarenta y cinco cumpleaños de Kennedy.

Salud

A pesar de una juventud privilegiada, Kennedy se vio afectado por una serie de enfermedades infantiles, como la tos ferina, la varicela, el sarampión y las infecciones de oído. Estas dolencias obligaron a JFK a pasar una cantidad considerable de tiempo en la cama (o al menos en el interior) convaleciendo. Tres meses antes de su tercer cumpleaños, en 1920, Kennedy contrajo la escarlatina, una enfermedad muy contagiosa y potencialmente mortal, y fue ingresado en el hospital de la ciudad de Boston.

Años después de la muerte de Kennedy, se reveló que en septiembre de 1947, cuando Kennedy tenía 30 años y estaba en su primer mandato en el Congreso, fue diagnosticado por Sir Daniel Davis en la Clínica de Londres con la enfermedad de Addison, un raro trastorno endocrino. Davis estimó que Kennedy no viviría un año más, mientras que el propio Kennedy esperaba poder vivir diez más. En 1966, la doctora Janet Travell, médico de la Casa Blanca, reveló que Kennedy también tenía hipotiroidismo. La presencia de dos enfermedades endocrinas plantea la posibilidad de que Kennedy tuviera el síndrome autoinmune poliendócrino tipo 2 (APS 2).

Kennedy también sufría de un dolor de espalda crónico y severo, por el que fue operado. La condición de Kennedy puede haber tenido repercusiones diplomáticas, ya que parece haber estado tomando una combinación de medicamentos para tratar el dolor de espalda severo durante la Cumbre de Viena de 1961 con el Premier soviético Nikita Khrushchev. La combinación incluía hormonas, células de órganos animales, esteroides, vitaminas, enzimas y anfetaminas, y los posibles efectos secundarios incluían hiperactividad, hipertensión, deterioro del juicio, nerviosismo y cambios de humor. Kennedy fue visto regularmente por no menos de tres médicos, uno de los cuales, Max Jacobson, era desconocido para los otros dos, ya que su modo de tratamiento era controvertido y se utilizaba para los ataques más severos de dolor de espalda.

A finales de 1961, existían desacuerdos entre los médicos de Kennedy sobre el equilibrio adecuado entre la medicación y el ejercicio. Kennedy prefería lo primero porque tenía poco tiempo y deseaba un alivio inmediato. Durante ese tiempo, el médico del presidente, George Burkley, instaló algunos equipos de gimnasio en el sótano de la Casa Blanca, donde Kennedy hacía ejercicios de estiramiento para su espalda tres veces por semana. Los detalles de estos y otros problemas médicos no fueron revelados públicamente durante la vida de Kennedy. El principal médico del presidente en la Casa Blanca, George Burkley, se dio cuenta de que los tratamientos de Jacobson y Travell, incluyendo el uso excesivo de esteroides y anfetaminas, eran médicamente inapropiados, y tomó medidas para retirar a Kennedy de su cuidado.

En 2002, Robert Dallek escribió una extensa historia de la salud de Kennedy. Dallek pudo consultar una colección de documentos relacionados con Kennedy de los años 1955-1963, incluyendo radiografías y registros de prescripciones de los archivos del Dr. Travell. Según los registros de Travell, durante sus años presidenciales Kennedy sufrió de fiebres altas; problemas de estómago, colon y próstata; abscesos; colesterol alto y problemas suprarrenales. Travell mantuvo un "Registro de Administración de Medicamentos", catalogando los medicamentos de Kennedy: "corticosteroides inyectados e ingeridos para su insuficiencia suprarrenal; inyecciones de procaína y tratamientos de ultrasonido y compresas calientes para su espalda; Lomotil, Metamucil, paregoric, fenobarbital, testosterona y trasentina para controlar su diarrea, malestar abdominal y pérdida de peso; penicilina y otros antibióticos para sus infecciones del tracto urinario y un absceso; y Tuinal para ayudarlo a dormir".

Incidentes familiares

El hermano mayor de Kennedy, Joseph P. Kennedy Jr., murió en combate en 1944, a los 29 años, cuando su avión explotó sobre el Canal de la Mancha durante la ejecución de un primer ataque de la Operación Afrodita durante la Segunda Guerra Mundial. Su hermana Rose Marie "Rosemary" Kennedy nació en 1918 con discapacidad intelectual y fue sometida a una lobotomía prefrontal a los 23 años, lo que la dejó incapacitada el resto de su vida hasta su muerte en 2005. Otra hermana, Kathleen Agnes "Kick" Kennedy, murió en un accidente de avión cuando se dirigía a Francia en 1948. Su esposa Jacqueline Kennedy sufrió un aborto espontáneo en 1955 y un parto de mortinato en 1956: una hija llamada informalmente Arabella. Un hijo, Patrick Bouvier Kennedy, murió dos días después de nacer en agosto de 1963.

Asuntos y amistades

Kennedy estuvo soltero en los años 40 mientras mantenía relaciones con la periodista danesa Inga Arvad y la actriz Gene Tierney. Durante su época de senador, tuvo un romance con Gunilla von Post, quien más tarde escribió que el futuro presidente intentó terminar su matrimonio para estar con ella antes de tener hijos con su esposa. También se dice que Kennedy tuvo aventuras con mujeres como Marilyn Monroe, Judith Campbell, Mary Pinchot Meyer, Marlene Dietrich, Mimi Alford y la secretaria de prensa de su esposa, Pamela Turnure.

No se conoce el alcance total de la relación de Kennedy con Monroe, aunque se ha informado de que pasaron un fin de semana juntos en marzo de 1962 mientras él se alojaba en casa de Bing Crosby. Además, personas de la centralita de la Casa Blanca señalaron que Monroe había llamado a Kennedy durante 1962. J. Edgar Hoover, el director del FBI, recibió informes sobre las indiscreciones de Kennedy. Estos incluían a una supuesta espía de Alemania del Este, Ellen Rometsch. Según el historiador Michael Beschloss, en julio de 1963, Hoover habría informado a Bobby Kennedy sobre el asunto. Hoover le dijo al Fiscal General que no sólo tenía información de que el presidente, sino también otros en Washington, habían estado involucrados con una mujer "sospechosa de ser agente de la inteligencia soviética, alguien vinculado a la inteligencia de Alemania del Este". Al parecer, Bobby Kennedy se tomó el asunto lo suficientemente en serio como para plantearlo a las principales figuras demócratas y republicanas del Congreso. El ex agente del Servicio Secreto Larry Newman también recordó los "problemas de moral" que las indiscreciones del presidente engendraron dentro del Servicio Secreto.

Kennedy inspiraba afecto y lealtad a los miembros de su equipo y a sus seguidores. Según Reeves, esto incluía "la logística de los enlaces de Kennedy ... [que] requería un secreto y una devoción poco comunes en los anales del servicio energético exigido por los políticos de éxito". Kennedy creía que su relación amistosa con los miembros de la prensa le ayudaría a protegerse de las revelaciones públicas sobre su vida sexual.

Lem Billings fue el "más antiguo y mejor amigo" de Kennedy desde que asistieron juntos a Choate hasta la muerte de Kennedy.

Evaluaciones históricas y legado

Efecto del asesinato

La televisión fue la principal fuente que mantuvo a la gente informada de los acontecimientos que rodearon el asesinato de Kennedy. De hecho, la televisión empezó a ser mayor de edad antes del asesinato. El 2 de septiembre de 1963, Kennedy ayudó a inaugurar el primer noticiero nocturno de media hora de la cadena de televisión, según una entrevista con el presentador de *las noticias vespertinas de la CBS*, Walter Cronkite.

Los periódicos se conservaban como recuerdos más que como fuentes de información actualizada. En este sentido, su asesinato fue el primer gran acontecimiento informativo televisivo de este tipo. La cobertura televisiva unió a la nación, interpretando lo sucedido y creando recuerdos de este espacio en el tiempo. Las tres principales cadenas de televisión de Estados Unidos suspendieron sus horarios habituales y pasaron a cubrir las noticias desde el 22 de noviembre hasta el 26 de noviembre de 1963, permaneciendo en antena durante 70 horas, convirtiéndose en el acontecimiento informativo ininterrumpido más largo de la televisión estadounidense hasta el 11 de septiembre.

El asesinato tuvo un efecto en muchas personas, no sólo en Estados Unidos sino en todo el mundo. Muchos recuerdan vívidamente dónde se encontraban cuando se enteraron de la noticia de que Kennedy había sido asesinado, como ocurrió con el ataque japonés a Pearl Harbor el 7 de diciembre de 1941, antes, y con los atentados del 11 de septiembre, después. El embajador de la ONU, Adlai Stevenson II, dijo sobre el asesinato: "Todos nosotros. ... soportaremos el dolor de su muerte hasta el día de la nuestra". Mucha gente también ha hablado de la impactante noticia, agravada por el manto de incertidumbre sobre la identidad del asesino o asesinos, los posibles instigadores y las causas del asesinato, como un fin de la inocencia, y en retrospectiva, ha confluido con otros cambios de la tumultuosa década de los 60, especialmente la guerra de Vietnam.

"La era de Camelot"

El término "Camelot" llegó a utilizarse retrospectivamente como icono de la administración Kennedy, y del carisma de Kennedy y su familia. El término fue utilizado públicamente por primera vez por su esposa en una entrevista posterior al asesinato en la revista *Life* con Theodore H. White, en la que reveló su afecto por el musical contemporáneo de Broadway del mismo nombre, en particular las líneas finales de la canción principal:

Que no se olvide que una vez hubo un lugar, durante un breve y brillante momento que se conoció como Camelot.
Habrá grandes presidentes de nuevo... pero nunca habrá otro Camelot.

En la televisión, esta época estaba representada por el personaje de Mary Tyler Moore en *el Dick Van Dyke Show*, Laura Petrie, que a menudo se vestía también como la esposa de Kennedy, Jackie.

Presidencia

Las Fuerzas Especiales estadounidenses tenían un vínculo especial con Kennedy. "Fue el presidente Kennedy el responsable de la reconstrucción de las Fuerzas Especiales y de devolvernos nuestra Boina Verde", dijo Forrest Lindley, un escritor del periódico militar estadounidense *Stars and Stripes* que sirvió con las Fuerzas Especiales en Vietnam. Este vínculo se mostró en el funeral de Kennedy. En la conmemoración del 25º aniversario de la muerte de Kennedy, el General Michael D. Healy, último comandante de las Fuerzas Especiales en Vietnam, habló en el Cementerio Nacional de Arlington. Más tarde, se colocaría una corona de flores en forma de boina verde sobre la tumba, continuando una tradición que comenzó el día de su funeral cuando un sargento a cargo de un destacamento de hombres de las Fuerzas Especiales que custodiaban la tumba colocó su boina sobre el ataúd. Kennedy fue el primero de los seis presidentes que sirvió en la Marina estadounidense, y uno de los legados perdurables de su administración fue la creación en 1961 de otro comando de fuerzas especiales, los Navy SEAL, que Kennedy apoyó con entusiasmo.

Las propuestas de Kennedy en materia de derechos civiles condujeron a la Ley de Derechos Civiles de 1964. El presidente Lyndon B. Johnson, sucesor de Kennedy, tomó el relevo e impulsó la histórica Ley de Derechos Civiles a través de un Congreso amargamente dividido invocando la memoria del presidente asesinado. El presidente Johnson promulgó la ley el 2 de julio de 1964. Esta ley de derechos civiles puso fin a lo que se conocía como el "Sur sólido", y algunas disposiciones se inspiraron en la Ley de Derechos Civiles de 1875, promulgada por el presidente Ulysses S. Grant.

La continuación por parte de Kennedy de las políticas de los presidentes Harry S. Truman y Dwight D. Eisenhower de dar ayuda económica y militar a Vietnam del Sur dejó la puerta abierta a la escalada del conflicto por parte del presidente Johnson. En el momento de la muerte de Kennedy, no se había tomado ninguna decisión política definitiva respecto a Vietnam, lo que llevó a historiadores, miembros del gabinete y escritores a seguir discrepando sobre si el conflicto de Vietnam se habría intensificado hasta el punto en que lo hizo si él hubiera sobrevivido. Su acuerdo con la acción del NSAM 263 de retirar 1.000 tropas para finales de 1963, y su anterior discurso de 1963 en la American University, sugieren que estaba preparado para terminar la guerra de Vietnam. La guerra de Vietnam contribuyó en gran medida a una década de dificultades nacionales, en medio de una violenta decepción en el panorama político.

Muchos de los discursos de Kennedy (especialmente su discurso de investidura) se consideran icónicos; y a pesar de su relativamente corto mandato, y de la falta de cambios legislativos importantes que se produjeron durante el mismo, muchos estadounidenses lo consideran en el escalón superior de los presidentes. Algunos fragmentos del discurso inaugural de Kennedy están grabados en una placa en su tumba de Arlington. En 2018, *The Times* publicó una recreación en audio del discurso "vigilantes en los muros de la libertad mundial" que tenía previsto pronunciar en el Trade Mart de Dallas el 22 de noviembre de 1963.

En 1961, la Universidad de Notre Dame le concedió la Medalla Laetare, considerada el premio más prestigioso para los católicos estadounidenses. A título póstumo se le concedió el premio *Pacem in Terris* (latín: Paz en la Tierra). Su nombre se debe a una carta encíclica de 1963 del Papa Juan XXIII que hace un llamamiento a todas las personas de buena voluntad para asegurar la paz entre todas las naciones. Kennedy también recibió a título póstumo la Medalla Presidencial de la Libertad en 1963.

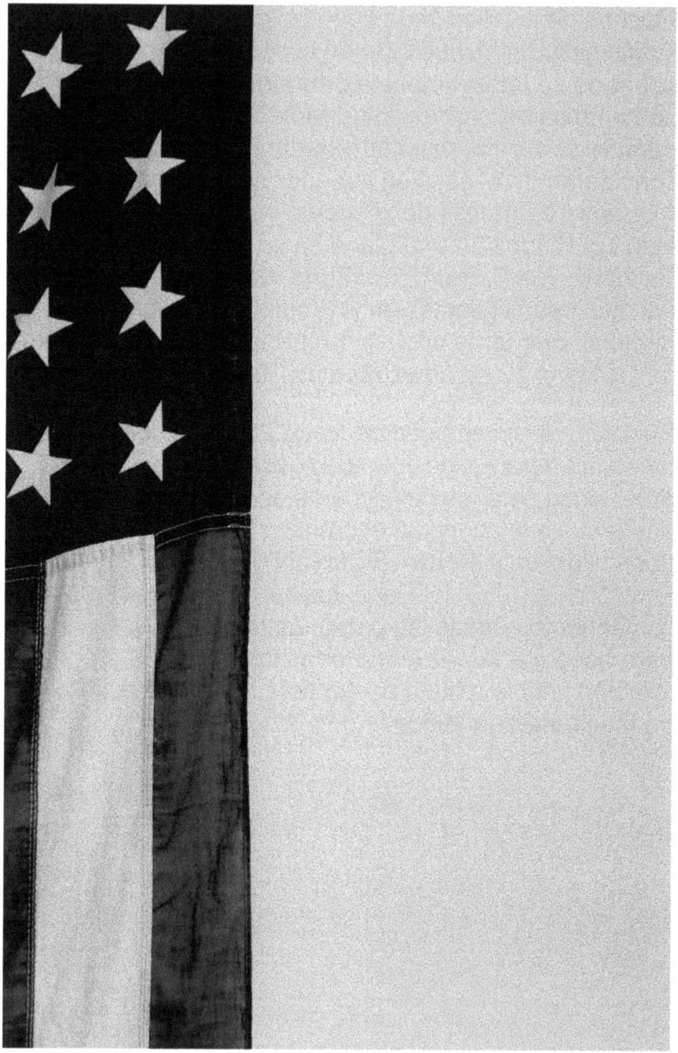

Milton Keynes UK
Ingram Content Group UK Ltd.
UKHW012313150324
439374UK00015B/799

9 789493 261686

Giordania

Da Sud a Nord, dai Beduini ai taxi.

Testo a cura di Eleonora Meneghini
Fotografie di Luigi Miano

• LE 44 •

Introduzione

Questo libro è un viaggio di quattro occhi. Due per segnare il percorso, altri due per memorizzarlo.
Non sempre allo stesso paio è toccato sempre lo stesso compito.
Non è una guida turistica né un romanzo; è la cronistoria di quello che si è visto, sentito, scoperto, sperimentato ed elaborato dalla propria natura personale.
Nonostante questo vi è un elenco degli indirizzi e dei luoghi e la descrizione di come erano nel Gennaio 2020.
Se qualche amante di percorsi, di storie e di immagini volesse utilizzarlo come linea guida, sappia che questa è solo la visione di un pezzo di mondo e di come chi di questa generazione si approccia a viverlo.

Giordania, Gennaio 2020.

Capitale: AMMAN
Continente: ASIA SUD-OCCIDENTALE
Valuta: DINARO GIORDANO
Clima: Csa (Köppen)

Equipaggiamento
cosa serve veramente

*Bagaglio a mano; che sia uno zaino, un trolley o una sacca, il così nominato dalle compagnie aeree "bagaglio a mano", vi permette di muovervi facilmente, indipendentemente e più velocemente.

*Medicinali; a prescindere dalle esigenze personali, specialmente se siete soli, basta un antidolorifico ed un anti-diarroico. Insomma quello che vi serve per arrivare in autonomia alla prima farmacia, nel caso vi servisse altro.

*Un thermos e qualche bustina di the o caffè solubile. Ci si può trovare isolati, e un contenitore per l'acqua (calda o fredda) può essere utile in qualsiasi momento.

*Ciabatte bagnabili (docce, piscine, spa, caldo) e un costume, non si sa mai.

*Una sciarpa grande. Un telo è versatile, per proteggervi dal vento, per sdraiarvi in un prato o in una spiaggia, per coprirvi se dovete visitare dei luoghi sacri o se volete indossarlo come turbante.

*Una felpa apribile. Anche se la temperatura è alta e viaggiate verso un posto caldo, ricordate che nei mezzi di trasporto e transizione (aeroporti, stazioni, ecc..) l'aria condizionata è molto alta. Munitevi di felpa...e calzini.

*Copia del documento cartacea e/o digitale, meglio lasciare il passaporto in un luogo sicuro.

*Occhiali da sole, scarpe comode, 2+2 magliette, libri, penne, fotocamere, musica...intrattenimento. Mutande e calzini. Il pigiama.

29°31'00.12"N 35°00'00"E

Ci troviamo a Roma alla stazione dei treni, non l'avevo mai vista quella stazione, sicuramente non è la Centrale. Ha dei dislivelli, delle terrazze moderne che mi ricordano scene giapponesi.

Ci rasiamo i capelli.
Travis, ci porta in aeroporto nel cuore della notte. E' gennaio, è freddo.
L'aeroporto di Aqaba è un pò ambiguo. Come da solito "bastian contrario", il nostro viaggio inizia da quella che nell' itinerario consueto è la città d'arrivo. Forse il caso, forse perchè il prezzo dei biglietti ha deciso per noi. L'aeroporto è piccolo e istintivamente usciamo subito in strada, cerchiamo tutti i punti necessari alle prime mosse appena sbarcati in un Paese straniero, ma non c'è nulla. Ci siamo lasciati tutto dietro il controllo documenti. Cerco di discutere con il personale all' ingresso per farmi rientrare, Luigi resta con i bagagli, io consegno il passaporto alla guardia e attraverso quei pochi metri di territorio internazionale per raggiungere lo sportello del cambio valuta. L'unica cosa necessaria. I voli arrivano a lunghi intervalli tra loro in questo aeroporto, tutti i passeggeri del nostro si sono già dileguati. Intorno a noi non c'è anima viva, ci troviamo in un gran largo, con una fila di auto verdi davanti a noi, coperta da un'altra di foglie di palma.
Avviciniamo uno degli autisti che ci parla utilizzando il traduttore di Google. Sembra una cosa assurda, eppure è il nuovo modo di viaggiare. Questo sconosciuto, con il quale

un tempo avremmo potuto comunicare solo semplici necessità primarie, a gesti, ora nel 2020 può dirci tutto quello che gli passa per la mente. Naturalmente, tra una battuta e l'altra, il suo unico intento è quello di lasciarci il suo numero di telefono per procurarsi altro lavoro mentre siamo in città.

L'hotel che ho prenotato dall'Italia è a un passo (700m) dal lungomare e dalla spiaggia che dà sul Golfo di Aqaba, acqua che poi si collega al Mar Rosso. Si trova in una zona in via di sviluppo, si erge quasi solitario tra la sabbia di quelli che saranno futuri cantieri intorno a lui. La nostra stanza ha un terrazzino che guarda ad Est, vediamo la fine della città racchiusa da Mecca St. che ne costeggia il confine collegando Al Hussein Bin Ali St. a Nord e l'incrocio tra King Hussein St. e South Beach Highway a Sud. Dopo di lei il deserto e in fondo le montagne. Prima di questa linea di confine spuntano due campanili islamici, due minareti bianchi tra le case basse di quello che scopriremo poi essere il quartiere più povero della città. Il punto più bello del tramonto che ci apparirà a breve.

Il nostro percorso è inevitabilmente connesso alle telecomunicazioni, le nostre strade prendono la via delle informazioni che riceviamo e noi sappiamo che al piano di sotto c'è una piscina. Con rispetto e un pò di timidezza, nascondendo i costumi sotto i nostri vestiti, abbracciamo un asciugamano e siamo pronti a far curare la nostra stanchezza da un tuffo nell'acqua. Il seminterrato è un locale strutturato bene, docce, una piccola piscina e spazi per le sdraio che però non ci sono. Ci sono solo due uomini che discutono e fumano, polvere e freddo, tanto freddo. Ci guardiamo intorno delusi, osserviamo l'acqua con disapprovazione, scuotiamo la testa all'unisono e andiamo via.

SVEGLIARSI AD AQABA

La stanza è dotata di un bollitore, ma non vi è nessuna stoviglia a disposizione, dettaglio per noi non importante, visto il nostro equipaggiamento. Il caffè è nel thermos, per me, Luigi raramente beve quello che alcuni definiscono "veleno", e così possiamo dirci "buongiorno". Nei nostri completi migliori, accessoriati dalle armi del mestiere usciamo in strada. A pochi metri il mare, ottimo punto per studiare la mappa cartacea della città, che credo aver recuperato all'hotel. C'è il sole, la temperatura permette a uomini e bambini di fare il bagno; le donne sedute in spiaggia chiacchierano nei loro veli. Aqaba è una piccola città sul mare, una grande strada in stile americano la collega lungo la costa da un lato ad Elat in Israele, dall'altro al confine con l'Arabia Saudita, il tutto in una quarantina di chilometri. Percorriamo il lungomare a piedi, siamo uno spettacolo strano, ma non troppo per i locali. In fondo alla spiaggia un angolo di occidente, una grande rotonda circondata da fast food. Ci incamminiamo lungo una grande via albereta e in una traversa noto le decorazioni di alcuni tavolini in apparenza di rame, circolari. Non esitiamo un secondo ad accomodarci e torneremo più di una volta in questo ristorante, Arabic Moon. Il personale ha reso l'approccio con il cibo tipico eccezionale.

Aqaba ha una grande Moschea. I luoghi di culto, di tutte le religioni, hanno qulacosa di spirituale che li accomuna e qualcosa di materiale che li differenzia l'uno dall'altro. Ci

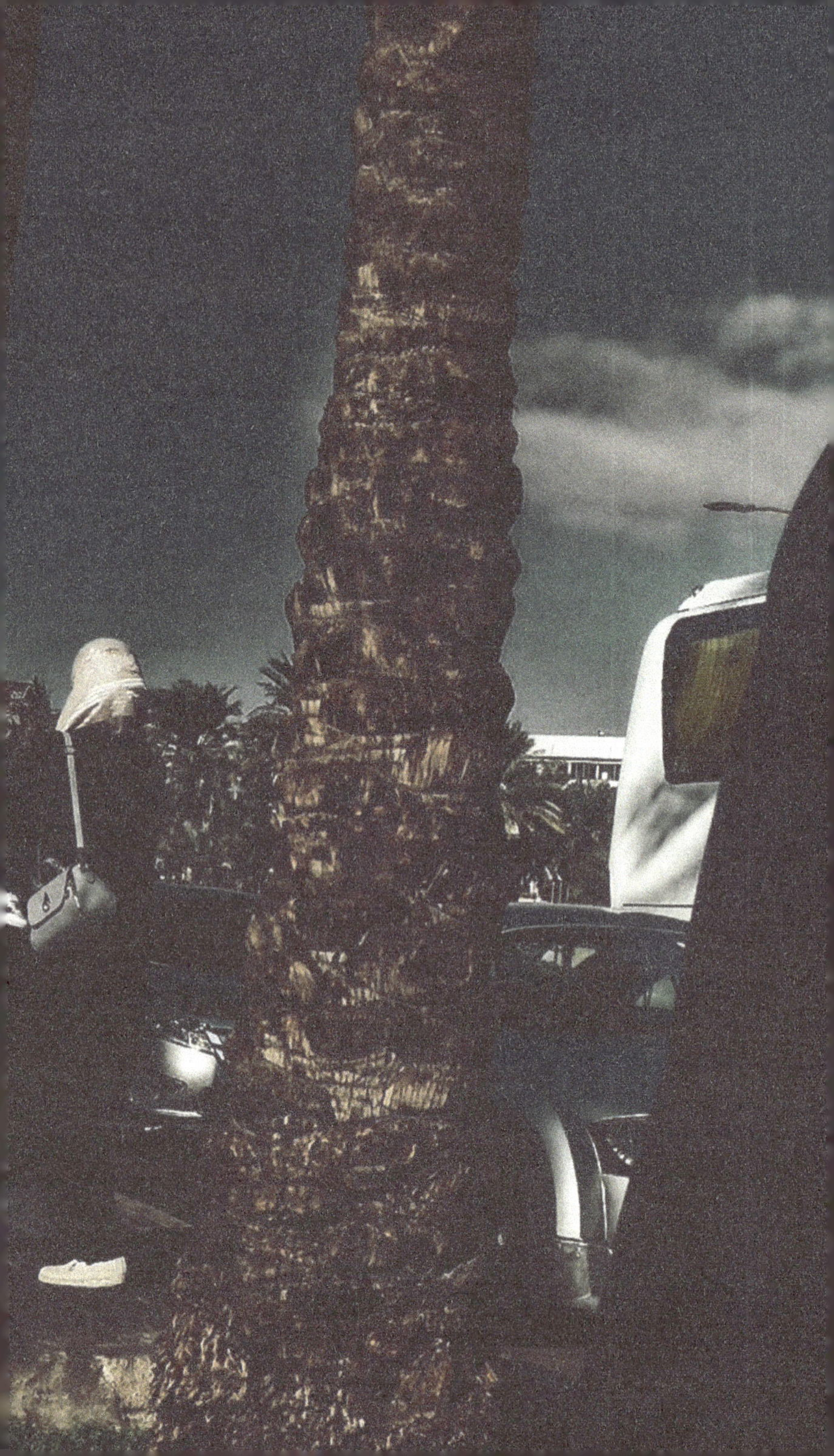

incamminiamo verso quello che è uno dei punti turistici (o forse no, non definirei così i luoghi di culto) della città, ma il cartello "lavori in corso" ci ferma, la Moschea non si può visitare. Senza demoralizzarci troppo, propongo di camminare fino ai minareti che vediamo dalla nostra finestra. L'idea di visitare la Moschea che è protagonista del nostro primo tramonto in Giordania e la prima Moschea per Luigi, mi riempie di romanticismo. Come accennavo precedentemente, quella in cui ci siamo addentrati a piedi è la parte più povera della città. Un signore con una lunga giacca di pelle che gli sfiorava le caviglie, quella stessa mattina ci consigliò di non inoltrarci in quella direzione, dicendoci: «Andate dalla parte opposta, verso il centro. Lì non c'è nulla di bello e ieri sera dei bambini hanno rubato il portafogli ad un uomo.» Non vogliamo fare gli spavaldi, ma i minareti sembrano veramente vicini, qualche via. Il paesaggio è rurale, animali da cortile liberi nelle strade e bambini euforici che tempestivamente ci accerchiano. Poco più in là, un' enorme testa di mucca mozzata appesa al muro accanto alla porta di quella che ovviamente è una macelleria. Viaggiando spesso sola, l'esperienza mi ha insegnato che a volte la sopravvivenza si basa su un semplice concetto: contatto visivo. Luigi rimane indietro, si fa distrarre dall' energia dei bambini, ci sono troppi dettagli, rumori (..e se avesse potuto fotografare gli odori..!). Questo è il momento di evitare il contatto visivo, testa bassa e passo svelto. Noi continuiamo a camminare e loro, per attirare la nostra attenzione, ci lanciano accanto, calciandoli, dei pezzi di calcinacci e sassolini di strada. Un operaio su di un tetto vede la scena e li ammonisce con un grido secco. Finalmente ci lasciano liberi e noi ci orientiamo seguendo i minareti con lo sguardo verso l'alto. Purtroppo la nostra meta non è così entusiasmante, la Moschea è piccola, spoglia e chiusa. Mi avvicino all'ingresso per dare un'occhiata e un ragazzino che passava di là portando delle arance mi fa segno di indossare il velo per entrare. Riconosco le parole: «Hijab! Hijab!». Sarà uno dei pochi a riconoscermi come femmina al primo sguardo.

BIVIO

I viaggi istintivi, quelli non pianificati, quelli che non seguono il corso degli eventi, necessitano di momenti di estrema lucidità. Questi momenti dediti a prendere delle decisioni hanno bisogno di organizzazione e di intuito. Sapevo che cosa desideravo vedere lungo questo viaggio, ma non avevamo segnato il percorso da seguire. Chiedo aiuto online. Grazie ad alcuni siti decidiamo di rimanere ad Aqaba un altro giorno, cercando di capire come vivono i giovani giordani.

Ahmed ci dà appuntamento nel suo luogo di lavoro, un grande negozio a più piani, dove vende oggetti di ogni genere. Siamo nelle sue mani. Ci accompagna con l'auto al suo appartamento, dalla parte opposta della città, esattamente all'ultima via della città (10 minuti). Siamo al terzo piano, il giroscala è scuro e polveroso (tutti quelli che vedremo saranno così), anche l'appartamento è polveroso, con posaceneri pieni di sigarette, come spesso accade in tutte le popolazioni di questa parte di mondo, e disseminato di odiosissimi bicchieri d'acqua di plastica monouso sigillati. Questo prodotto in Italia non esiste; avere un bicchiere d'acqua sempre disponibile, anziché una intera bottiglia, è indiscutibilmente conveniente, ma l'utilizzo eccessivo anche dentro casa quando il trasporto e lo spazio non sono una scusante necessaria, è uno spreco di materiale plastico che proprio non riesco a farmi passare inosservato. Ahmed è un ragazzo di buona famiglia, la maggior parte del suo tempo lo passa a lavoro. Nur, la sua fidanzata, è una studente, viene da Amman, la capitale. I suoi genitori non sanno che lei e Ahmed convivono; non sanno nemmeno che lei è fidanzata. Questa è una situazione frequente tra i giovani benestanti di religione musulmana. La possibilità economica permette loro di mentire, prendendosi delle libertà che ad altri non sono concesse. Nur e Ahmed si sposeranno sei mesi dopo il nostro incontro. Nur rimane un pò con noi, è ancora totalmente ignara del fatto che questo sarebbe accaduto e ci racconta della sua storia d'amore, appena Ahmed riesce per tornare al negozio. Si lamenta di quanto lui lavori troppo e la trascuri lasciandola sola fino a tardi tutti i giorni, esce anche lei. Dopo qualche ora, "bloccati" nel salotto di sconosciuti, cominciamo a preoccuparci. Non abbiamo connessione internet e non possiamo telefonare. Ci hanno lasciato le chiavi di casa, così spesso si manifesta la fiducia nell'essere umano. Decidiamo di esplorare i dintorni, il quartiere è residenziale, strade larghe e solo case, separate da spiazzi sterrati. Attraversiamo uno di questi fino ad una piazzetta di terra battuta, circondata da alcuni semplici negozietti, fruttivendoli, alimentari…nessun bar. Nessun segno da noi riconoscibile come connessione internet. Fermo un signore con una bambina, gli chiedo informazioni sulla connessione e lui si offre di farci fare una telefonata dal suo cellulare.

Chiamo Ahmed, sta arrivando, connessione vecchio stile.
La luna piena di gennaio spunta prepotente in fondo alla larga strada, sono ormai le 23.00 e i nostri nuovi amici ci portano al supermercato, dove passeranno un sacco di tempo a fare una cosa che non capiamo, mentre giriamo curiosando tra alimenti per noi non comuni. Saliamo in macchina ora ben organizzati, Ahmed e Nur travasano Gin Tonic in dei bicchieri, e ci dirigiamo verso Est, lungo il mare, verso il confine con l' Arabia Saudita.
Accendiamo il fuoco in uno degli appositi barbecue di pietra sulla spiaggia, molto atrezzata. Ora è notte e si presenta tutta per noi ma è evidente che dev' essere un posto molto frequentato durante le calde notti estive.
Chiacchieriamo aspettando le alette di pollo altamente speziate che saranno la nostra cena notturna. Nur è affascinata dalla lingua italiana, la sta studiando un pò. Ha tradotto un vezzeggiativo che nella nostra lingua corrisponde ad "amore mio", per chiamare il suo Ahmed con un dolce appellativo italiano. Ma non sempre internet è affidabile e per una ragione che mai ci verrà spiegata, il risultato è: "granulare". Non ci tratteniamo, ridiamo così tanto che non riusciamo a spiegarle in inglese cosa significhi la parola "granulare" in italiano. L'unica cosa che riesco a pronunciare è: «Come il cous cous». Di male in peggio! Ora "amore mio" è diventato "cous cous". E' questo che fanno per passare le serate, bevono, mangiano e cantano, come tutti i ventenni del mondo. Noi siamo quasi astemi, o estremamente selettivi, è notte fonda e in spiaggia si gela. Restiamo un pò seduti con i piedi a penzoloni su un piccolo molo. Nella strada del ritorno mi pento di tutto, Ahmed guida

Tel :

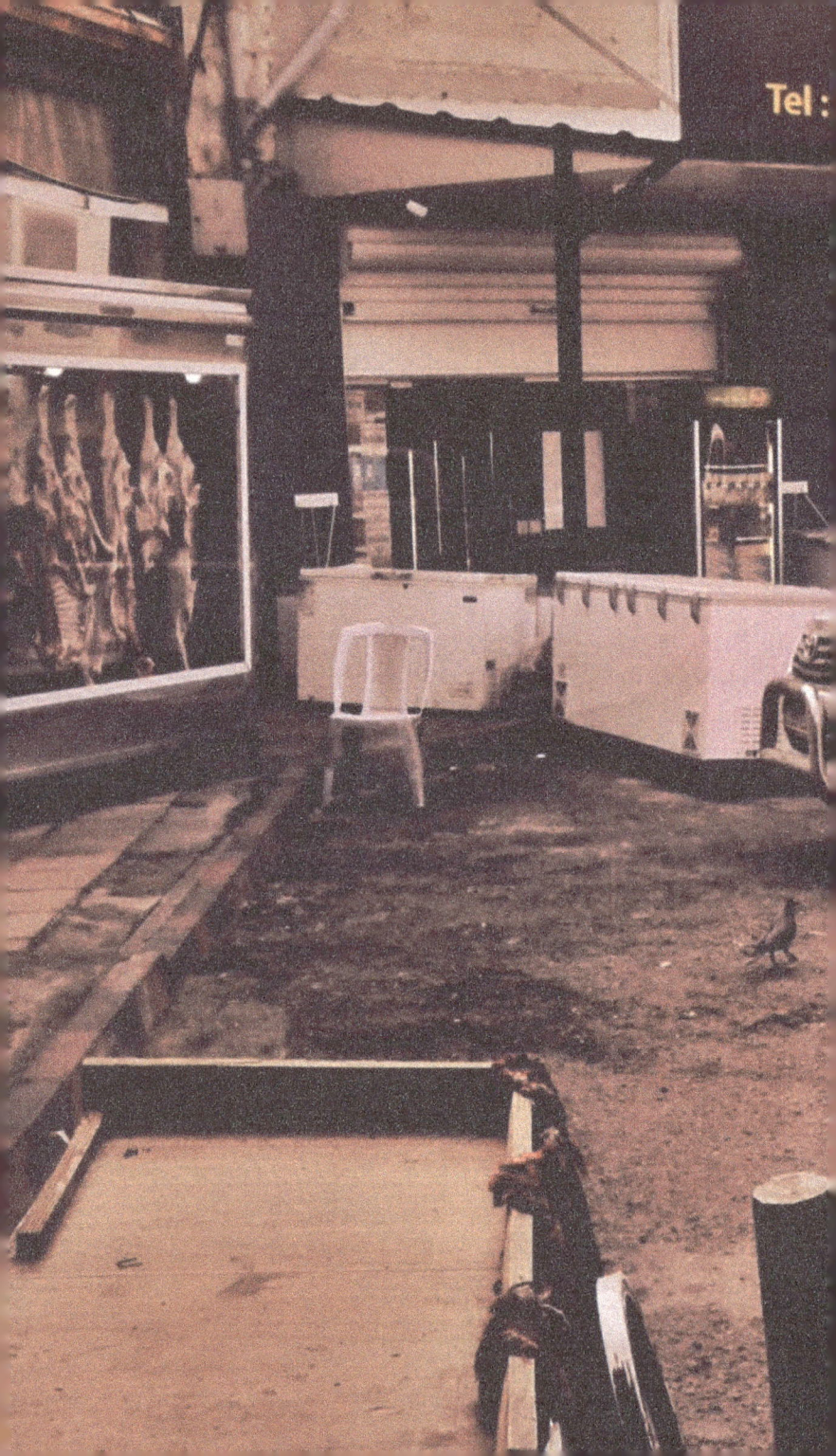

لتجارة اللحوم والأسماك والدواجن

30504 Mob: 0799844443 - 0795736690 - 0795370004

Indian Rest...

velocissimo sulla superstrada che costeggia Aqaba da est verso ovest, dobbiamo arrivare all'estremo ovest. Le luci gialle dei lampioni sfrecciano imprendibili davanti ai miei occhi, la strada è deserta, ma io sono terrorizzata. Luigi sorride di fronte al rischio della velocità ed io prego che finisca presto! Una serata alcolica non è rispettabile se non è accompagnata da un dramma. Arrivati a casa, Nur si accorge di non avere il cellulare, sono entrambi ubriachi e litigano. Nur convince Ahmed a tornare alla spiaggia, li lasciamo ai loro affari, ci sdraiamo sul divano sorridendo e ci addormentiamo. L'indomani abbiamo un appuntamento importante.

29°35'35"N 35°25'12"E

Toto Cutugno. Dopo letteralmente un paio d'ore di sonno siamo usciti da quest'avventura. Io avrei camminato fino al centro (circa 7km), siamo di fronte alla Moschea di Bouillon, ma Luigi ferma un taxi portandomi così in un percorso fisico e mentale che da sola non avrei preso. Questa è la prima di molte volte che, identificati come italiani, tutti i tassisti della Giordania ci faranno sentire questa canzone.
Ci lascia vicino al Forte, in un locale per turisti. Io mi dedico ad una ricca colazione, Luigi argomenta con il cameriere per farsi dare solo una banana.
Uadi o Wadi letteralmente dall'arabo significa "letto di un fiume in cui scorreva un corso d'acqua a carattere non perenne". Anche se non si sa leggere la lingua delle rocce, in questo luogo si può riconoscere facilmente che sono state scritte dall'acqua. Rum o Ramm, come lo sentiremo chiamare dall'accento locale, significa "alto, elevato", una parola di probabile origine aramaica. Questo luogo vanta, infatti, alture come i "Pilastri della saggezza", le montagne citate dal noto Lawrence d'Arabia. Stiamo per percorrere 80Km fuori Aqaba, verso la "Valle della Luna" Wādī al-qamar, il Wadi Rum.
Ahmad, il propietario del "Martial Desert Camp" ci è venuto a prendere personalmente al Forte di Aqaba; doveva fare delle commissioni in città e approfittiamo per salire sulla sua auto. Raggiungere il suo campo nel deserto sarebbe altrimenti piuttosto difficile. E' a 30Km dal Wadi Rum Visitor Center, che già non è semplice da raggiungere, ma di

questo punto situato di fronte agli appena citati "Sette pilastri della saggezza" parleremo più avanti nel tempo, esattamente tra un paio di giorni. Ahmad sta per essere insistentemente interrogato dalla nostra curiosità; scopriamo così che Aqaba, della quale non ci siamo preoccupati di vedere troppo la storia (se non che esiste dal 4.000 a.C.), è una "città autonoma". Così la descrive, anche se non capiamo bene tecnicamente cosa significhi, fatto sta che per entrare ed uscire bisogna passare da un controllo che si presenta come se fosse un casello autostradale, ma con i militari. All'improvviso il nostro autista del caso, un amico con cui è venuto Ahmad, Baha, si rivolge a noi in italiano, un ottimo italiano!
Sbalorditi dalla sua padronanza di una lingua così diversa dalla sua, fatto dovuto ovviamente ad una storia d'amore con una ragazza romana che ora vive ad Aqaba, restiamo ancora più sbalorditi quando guardandoci da fuori realizziamo di essere in un'auto lungo la Desert Highway in un Paese del Medioriente, con un ragazzo del Medioriente a cantare tutti insieme una canzone di Caparezza. Ci sentiamo anche un pò inseguiti dal cantautorato italiano a questo punto, ma sicuramente questo ci ricorda che non puoi mai immaginare chi può comprenderti. Svoltando nel deserto i primi cammelli del nostro viaggio ci bloccano la strada, tutto è coperto da un velo di sabbia, compresa l'aria.
Il racconto della nostra guida continua, ci parla di una antica ferrovia, ricordo che in Oriente i treni sono quasi inesistenti, quindi quella di cui parla è probabilmente l'abbandonata ferrovia di Hegiaz; un progetto dell'Impero Ottomano, che prevedeva una linea da Damasco (Siria) alla Mecca (Arabia

Saudita). Fu costruita fino a Medina e fu aperta nel 1908, ma non raggiunse mai la meta. Pare si stia sviluppando un progetto per crearne un parco. Oltrepassiamo la linea di confine, siamo in pieno deserto, sono in piedi sul retro del pick-up con il vento in faccia e, temerariamente, il cellulare in mano. In alcuni punti le montagne si stringono così tanto che posso toccarle dall'auto, tanto piccolo è il sentiero. Ho il cuore pieno di pace ed adrenalina. Luigi lo ha già conosciuto, ma per me è la prima volta nel deserto. Non facciamo a tempo a buttare giù lo zaino dal retro del pick-up, che sarà a lui che si illumineranno di nuovo gli occhi. Ahmad ha un campo in stile beduino, con alcuni accorgimenti; circondata dai piccoli rifugi creati per l'essere umano, c'è una palestra. Portano un grande piatto da dove si servono tutti, Ahmad si siede con la postura dei veri beduini, il braccio sinistro poggia con il dorso della mano sul fianco e il pugno destro chiuso sotto il mento. Ci invita a mangiare, osserviamo gli altri commensali, prendiamo un pezzo di pane e usandolo come posata prendiamo pò di cibo dal piatto. Ahmad ci è sembrato subito un uomo dai modi non troppo dolci, ci riprende subito: «Non così! Stai mangiando dal piatto di mio fratello.» Mohammed, uno dei suoi fratelli minori, è un adolescente dallo sguardo timido e gli occhi troppo profondi. Ahmad con grandi gesti ci spiega la suddivisione dei beni, come prendere il pane, i ceci...Ci mostra un tavolino con caffè e tè alla menta bollenti, sempre disponibili.
Non lo vedremo mai più.
Il campo si trova all'ombra di un'altura rocciosa, sicuramente per proteggersi dal forte vento, ma è ormai pomeriggio e il

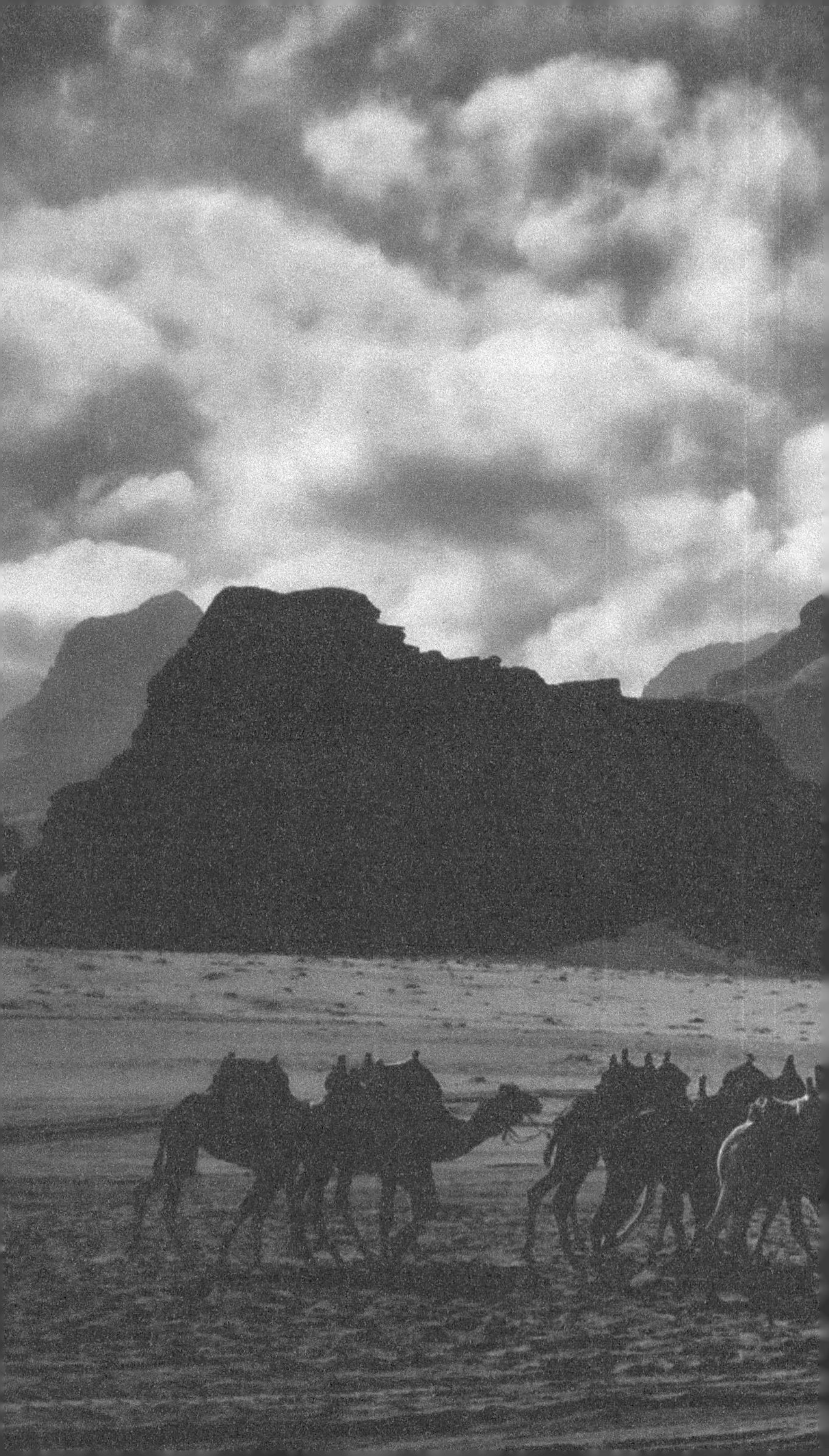

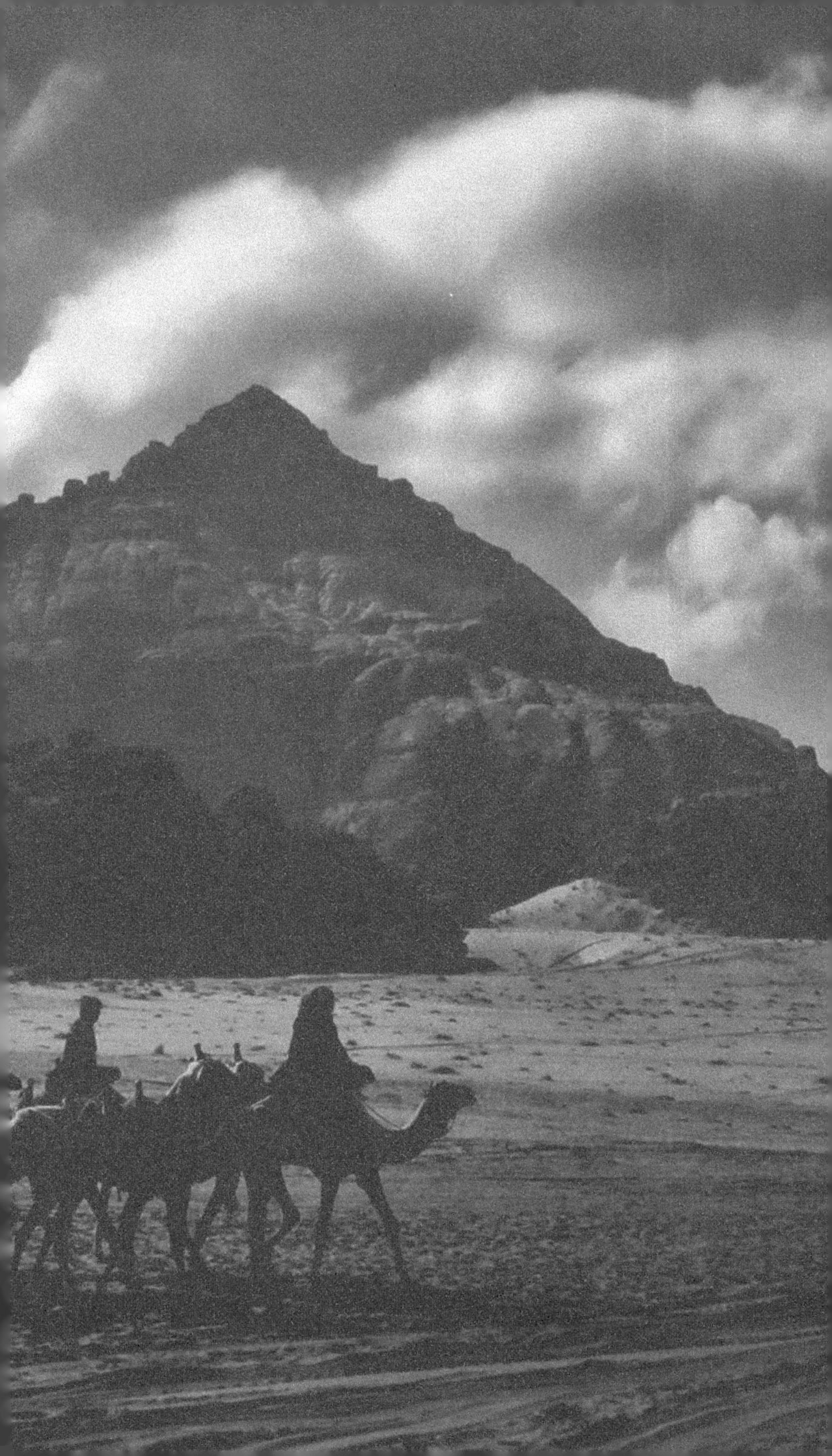

sole si è nascosto. Decidiamo di aggirare la montagna per scaldarci agli ultimi raggi di questo giorno. Il panorama è come quello di un film (non per nulla qui ne sono stati girati molti). La valle si apre all'orizzonte ed è piuttosto trafficata, pick-up che rientrano dalle escursioni, cammelli pronti per la notte, domatori di cammelli che urlano. Mi pare che il comportamento di questi ultimi sia molto simile a quello degli asini, rientrando ne troviamo uno scheletro tra la sabbia; le ossa ci sembrano estremamente porose, leggere. Nel teschio possiamo vedere la dentatura "a luna", tipica di questi animali, causata dalla masticazione.

Si entra scalzi in ogni dove, le costruzioni sono in muratura, ricoperte dal pensante tessuto rosso, nero e bianco, con le tipiche decorazioni dei popoli nomadi. Dà una sensazione morbida sotto i calzini e il calore delle due stufe al centro è un abbraccio memorabile. Un grande tavolo a forma di "L" si presenta a noi con un invito a mangiare liberamente e abbondantemente. Qui lavorano quattro ragazzi, due tedeschi e due russi. Non ci sono altri ospiti nel campo. Il ragazzo e la ragazza russi, si intuisce che sono fidanzati, sono piuttosto immersi in continue partite di scacchi. Il resto della compagnia è alquanto singolare. Gatti che ci girano attorno come veri padroni regnanti della stanza e una cerchia di Beduini dagli occhi scuri e dalle espressioni che non si possono nascondere. Uno di loro si volta avvicinandosi per offrirci del tè ed esita in un sospiro che sposta il suo intero peso leggermente all'indietro quando si accorge che siamo abbracciati sul divano. Vedo nei suo occhi un misto di timidezza e disapprovazione.

La notte del deserto ci attira fuori dalla tenda. Giochiamo un

pò con la macchina fotografica, poi torniamo a scaldarci. La quantità di stelle giustifica lo sbalzo termico che ci siamo imposti. Luigi risponde alle mille domande tecniche sul suo lavoro da parte di questo ragazzo tedesco, io leggo.
Quant'è grande la coperta più grande che abbiate mai visto? E, soprattutto, quanto è spessa? Non lo sarà mai come quelle del deserto. Nur, prima di andarcene ci ha regalato una piccola lucina a forma di cuore, brilla come tanti piccoli rubini. Il grande plaid è ricoperto di cuori rosa, la nostra tenda in muratura, ricoperta di teli dai tipici ornamenti rossi, sembra così una di quelle stanze addobbate per San Valentino o per una luna di miele.
Stamattina, mi tocca il lavaggio dei calzini! Ahmad ha costruito una struttura per i bagni degna di un buon hotel, piastrellata, pulita, non manca di nulla. Viaggiamo leggeri, quindi ogni paio di giorni dobbiamo assicurarci indumenti puliti. C'è un filo che dà verso il sole, protetto da un muro, dove poter tendere. Ogni dettaglio qui prende forma seguendo la natura. L'alba è dietro la roccia che ci protegge. Avevamo organizzato un'escursione in jeep per oggi, rifiutiamo categoricamente l'idea del tour in cammello, forse questi animali vivono bene, forse no, comunque sia l'idea non ci piace. Il mio ciclo mestruale ha deciso però di manifestarsi in anticipo e onestamente non me la sento. Cambiamenti di routine come voli aerei, cambio di fuso orario, di alimentazione, possono provocare al corpo uno stress dalla mente quasi non percepito; quest'ultimo è il colpevole di questi piccoli cambiamenti, o meglio adattamenti. Il piccolo fratello di Ahmad è al campo e dopo colazione lui e Luigi si avvicinano l'un l'altro come due

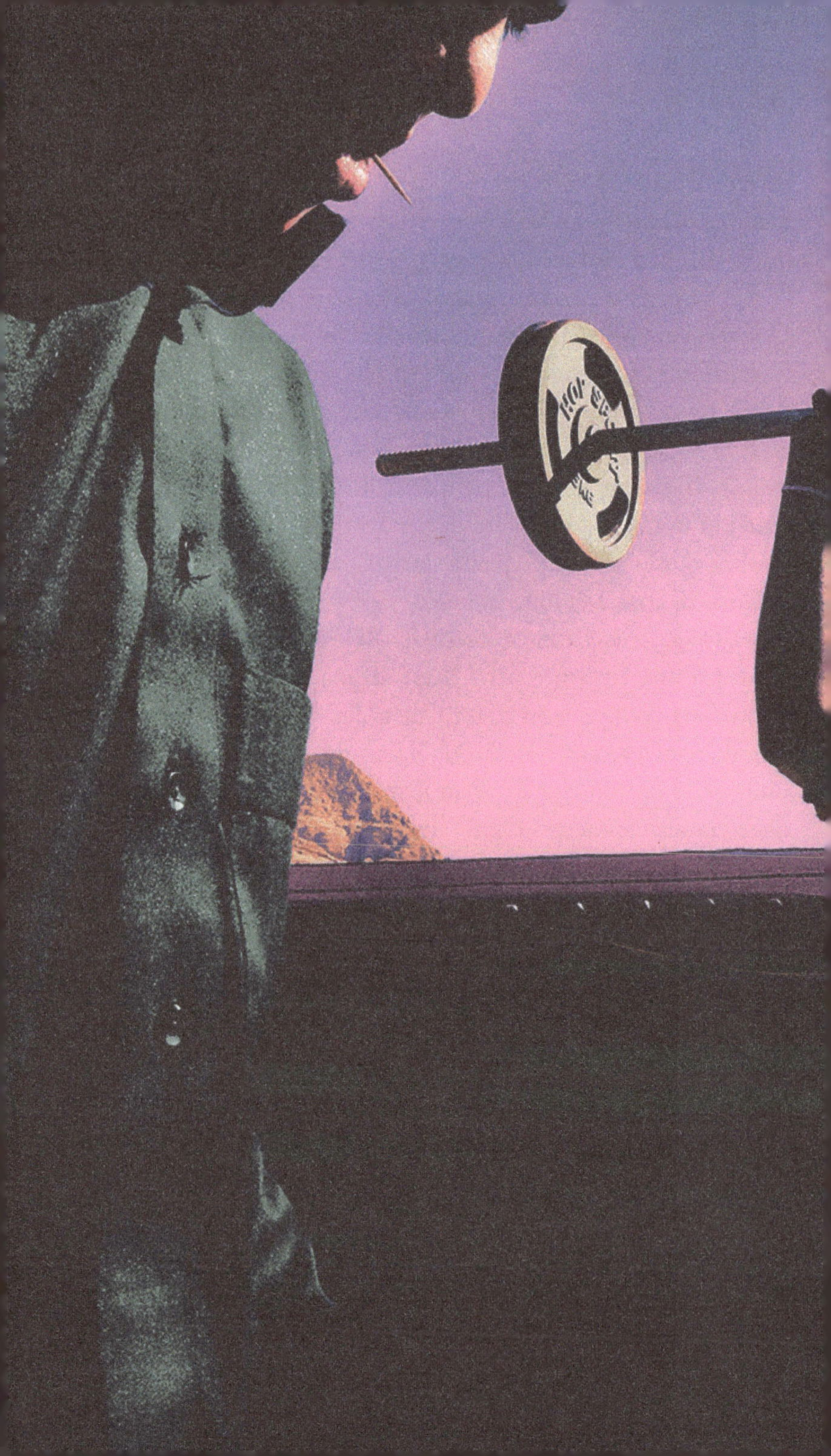

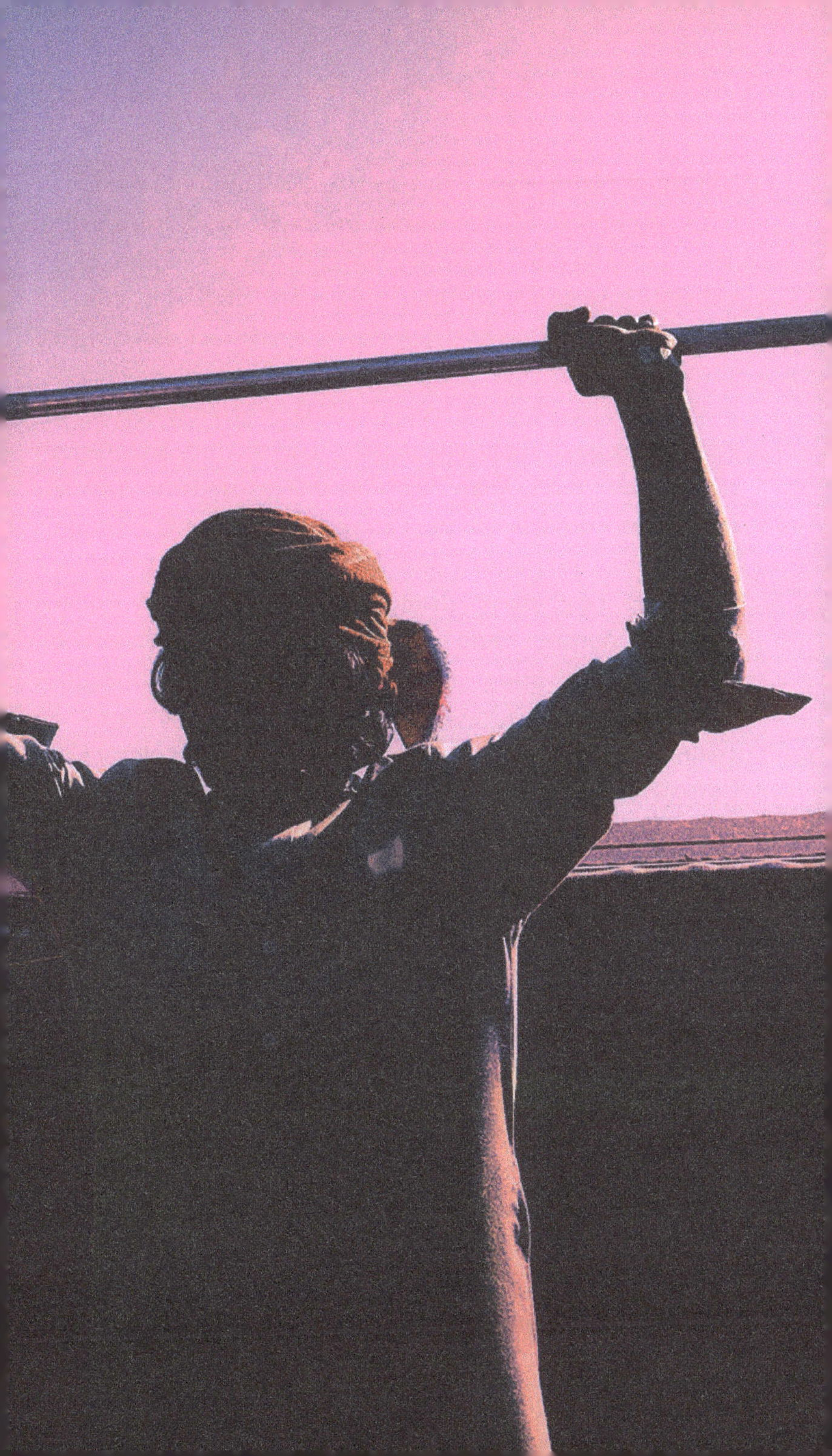

animali che stanno per fare amicizia. Staccano ora i piedi da terra, aggrappati ad una sbarra, ora mettendo il peso sulle mani a testa in giù. C'è un altro ragazzo con loro, i giovani si allenano indossando le tuniche giordane grigio-blu con il colletto alla coreana. Una palestra all'aperto nel deserto, ad allenarsi con i beduini.
Io sono sdraiata su di un tappeto al sole, leggo e li guardo, li guardo e leggo. Il tramonto scende presto dietro le montagne e prima che faccia buio facciamo una passeggiata. Qui si stanno aprendo delle vie per l'arrampicata, ma non abbiamo l'attrezzatura, mi limito a qualche passaggio su di una roccia tonda per raggiungere alcune incisioni rupestri. A pochi metri dal nostro campo vi è un disegno nella roccia che rappresenta un' antica mappa, si riconoscono facilmente cammelli e cavalli. Questi petroglifi sono stai realizzati dai Thamudeni o dai Nabatei, prima del IV secolo a.C.. Comprensibilmente la divinità di questi popoli prendeva il nome di Dushara, ovvero il "Signore della montagna". Un altro signore della montagna si palesa a noi poco più in là, un uomo anziano dorme al riparo di alcune rocce, probabilmente attende che gli uomini più forti radunino i cammelli. Sotto di noi vi è sempre la gran confusione di ieri, ancora per poco; il tempo di salire un pò più su di una duna e la valle silenziosa si presenterà a noi fino alle montagne, piatta ed immensa.
Appena scende l'oscurità, l'interno della tenda comune è un'attrazione irresistibile, ceniamo voracemente con pane, hummus, carne, non hanno molte verdure fresche nella loro cucina. Un pò invidiosa dei ragazzi che continuano a giocare a scacchi, trovo un mazzo di carte nella "bacheca dei giochi,

libri ed intrattenimenti per gli ospiti", appositamente organizzata per occupare il tempo quando non vi è la tecnologia. Insegno a Luigi a giocare a Machiavelli. Il calore della tenda aumenta percettibilmente se si pensa all' immensità buoia che ci circonda la fuori, per chilometri e chilometri...

Ho trovato delle guide che sono disposte ad accompagnarci lungo la Jordan Trail per qualche giorno. E' un percorso che attraversa l'intero Paese (650 Km). Raggiunge il suo punto più basso nel punto più basso della terra, -430mt s.l.m. nel Mar Morto. Segue un'antica traccia, ma è stato introdotto a partire dagli anni '90 principalmente per seguire le vie d'arrampicata. Ma ancora una volta la stagione non è dalla nostra parte per seguire questa strada.

Dal Wadi Rum Visitor Center prendiamo un autobus che ci porterà fino a Petra (patrimonio dell' UNESCO dal 1985).

La regola dello zaino prevede che ogni volta che si acquisisce qualcosa sia necessario lasciare qualcos'altro, questo permette di mantenere un equilibrio tra pesi e spazi. Dato che Nur e Ahmed ci hanno fatto quel piccolo dono e ho finito di leggere il libro che ho portato con me, "La fattoria degli animali di Orwell", prima di lasciare il campo scrivo qualche riga sulla prima pagina per Baha, sono sicura che per lui sarà una bella avventura e lo lascio dietro di me come segno del mio passaggio.

Impressionati dai "Sette Pilastri della saggezza", soprannome assai giustificato dalla loro imponenza, aspettiamo nel silenzio del mattino che qualche anima faccia capolino. Il Wadi Rum Visitor Center è deserto e per un attimo dubitiamo che ci sia davvero un mezzo che ci porterà via da qui. Un beduino solitario ci fa segno che questa è la fermata. Lentamente, zaini attaccati a corpi lenti si radunano, è in arrivo un van da una ventina di posti. Un uomo, ripetendo la stessa cantilena in più lingue, lancia i bagagli sul tetto; pagheremo la corsa una volta a bordo. Appoggio la testa al finestrino e osservo i turisti, tutti con il deserto addosso. Il viaggio dura un paio d'ore, ci sono due vie per andare a Nord, virare ad Est rimanendo sulla Desert Highway (che passa da Ma'an) o prendere la King's Highway. Il bus rimane sulla prima, più diretta e veloce. Facciamo però una pausa in quello che è l'equivalente di un autogrill e la vista è così spettacolare che l'autista ci lascia appositamente del tempo da dedicarle. Rimaniamo fermi qualche minuto sulla cima di un vasto, giallo canyon.

30°19'19"N 35°28'45"E

Abbiamo 48 ore di tempo.
La stazione dei mini autobus di Wadi Musa è una piazzola non troppo grande, dobbiamo salire per una scala che ci porti al livello della strada.
Guardo Luigi entrare in uno di quei piccoli negozietti che vendono un pò di tutto. Un uomo che sta pagando il suo conto alla cassa, rimane ad osservarlo. Finisco di fumare ed entro anch'io, giro per gli scaffali cercando quello che ci serve. Il proprietario del negozio cerca di capirci, inizia un gioco di indovinello tra loro tre; tentano qualsiasi tipo di carta conosciuta. Io cerco in internet un'immagine di un mazzo di carte e la mostro al negoziante che scoppia a ridere. Prende da dietro al bancone alcuni mazzi di carte da ramino, sapevo che qui potevano averle, ma non le avremmo mai trovate senza l'aiuto di internet cercando da soli nel negozio. Anche se non è fornito della stessa marca per entrambi i mazzi, quello blu ha una decorazione particolare! Dato che la fortuna ci ha dato la possibilità di dedicarci a questo nuovo passatempo, ci sediamo al tavolino della hall a giocare. Fuori è buio ormai e abbiamo passato una giornata affascinante.
Wadi Musa è la città che ospita il sito archeologico di Petra; è chiamata anche il "guardiano di Petra", ma letteralmente il suo nome significa "valle di Mosè". Si dice che egli creò qui una fonte, "la sorgente d'acqua di Mosè" o "pozzo di Mosè". L'arroccamento nasce infatti in questa zona per le fonti d'acqua che i Nabatei portarono attraverso canali alla città di Petra. Dal centro di Wadi Musa camminiamo su una grande strada in discesa fino al Petra Visitor Center, abbiamo già

percorso circa un chilometro a piedi dalla stazione dei mini autobus al nostro hotel. Si respira aria di storia, come nei paesini medievali italiani, quei posti dove le strade sono così antiche da avere le stesse pietre che uomini hanno calpestato secoli fa. L'area urbana si trova a circa 900 m.s.l.m. nella regione montagnosa di Edom e i dislivelli sono appunto evidenti.

A metà della lunga strada in discesa, saliamo per una scala, in un posto che si chiama "My mom's recipe restaurant", la vista è spettacolare e la terrazza è protetta da delle vetrate. Ogni centimetro è ricoperto da stoffe decorate e mi perdo a cogliere dettagli emozionanti: sciabole, lampade, narghilè…il menù! Pranziamo come i protagonisti di una favola e riprendiamo il cammino. Il Petra Museum e l'ingresso dell'area archeologica sono delle bellissime strutture moderne color sabbia. I biglietti di ingresso hanno i nostri nomi scritti sopra e valgono per due giorni, attraversiamo la piazzetta con alcuni negozietti che promuovono manifatture creare dalle donne locali ed altri dedicati ad Indiana Jones e proseguiamo verso il set di questo film. Ci hanno consegnato una mappa dove sono segnati i percorsi, il più lungo è di 15km, ma alcuni anche di solo 3/8km sono considerati più difficili visto il territorio. L'antica città è disegnata tra le nostre mani. Vi è suscritto di riportare qualsiasi maltrattamento ad animali e che cavalcare quelli senza licenza è a nostro rischio. La differenza tra gli uni e gli altri non è per nulla evidente, ma sembrano decisamente in buona salute. Mi faccio incastrare, siamo a cavallo fino all'ingresso del Siq. Un canyon lungo 1500mt e profondo 200mt che è la principale strada di accesso al luogo che noi oggi conosciamo come Petra, il quale nome semitico era "Reqem" o "Raqmu", "la variopinta", e possiamo notarlo immediatamente scomparendo a piedi nel canalone roccioso. Qualsiasi spiegazione geologica non terrebbe il confronto davanti alla meraviglia di onde colorate che ci sta mostrando la natura. Quelli che probabilmente sono gli "animali con licenza" sfrecciano nella gola trainando calessini carichi di occhi truccatissimi di ricche donne arabe e calzini dentro sandali d'occidentali sovrappeso. In tutto questo non so chi sia più a rischio, ma probabilmente sono le ginocchia dei cavalli, molti di loro portano i paraocchi, ma in quelli che ne sono liberi si legge il terrore quando gli zoccoli anteriori stridono scivolando sulla liscia roccia.

"El Khasneh Al Faroun", il tesoro del Faraone. La tomba o il tempio consiste in una facciata nella roccia scavata senza dubbio con maestria, ma quello che la rende spettacolare è il modo in cui la montagna, la pietra stessa ci obbliga ad ammirarla. Avvicinandosi, lo spacco buio nella gola del Siq fa trapelare la luce mostrandone uno scorcio. Sbucando nello spiazzo piccolo e affollato che si apre davanti ad essa, la confusione e il sole che veste solo la facciata del tempio ne impediscono quasi la vista. Da qui si riesce a scorgere l'interno (non ci si può avvicinare), ma vi è solo un incavo buio e vuoto. Vorrei vederlo dalla cima della montagna, ma il punto più alto è raggiungibile solo da un altro sentiero. Saliamo sulle rocce alla nostra destra, ci sono moltissime persone, c'è una specie di punto fotografico e per accedervi bisogna lasciare una moneta. L'uomo che vedete sulla copertina di questo libro è seduto su di un tappeto, scalda pane su un fuoco e ci offre del tè. Ci sediamo volentieri, da qui la prospettiva è perfetta, si comprende nell' interezza come i rilievi escano dalla parete rocciosa. Siamo alti, e vicini da poter scorgere tutti i dettagli. Dimentichiamo però velocemente il tesoro del faraone, il vero tesoro è vivo, di fronte a noi. Quest'uomo parla molte lingue e abbastanza bene l'inglese, vive qui. L'area è un parco nazionale archeologico dal 1993; probabilmente famiglie beduine che hanno vissuto in questo luogo da quando la città fu abbandonata nell'VIII secolo, in seguito alla decadenza dei commerci e a catastrofi naturali, risiedono ancora nella zona. Ha pochi denti, ma ride spesso, tranne quando posa per la foto. E' molto preoccupato, perché più in su nelle rocce una capra sta per partorire... sembra sia il suo unico pensiero. Beviamo alcune tazze di tè con lui e torniamo a "casa".

Alla mia destra vedo la strada fuori da una grande vetrata, ho le spalle al muro, sulle pareti intorno a me grandi schermi sintonizzati sui canali sportivi. In questo posto offrono carne di cammello, vogliamo sapere e vogliamo provare. Il viso un po' agitato di un ragazzo spunta nell'atmosfera calda del locale, gli chiediamo la grandezza delle porzioni, lui timidamente risponde: «This is very good, very good!» (questo è molto buono). Tentiamo di nuovo, Luigi fa segni con le mani, punta le foto nel menu e allunga gli occhi nei tavoli degli altri commensali; nulla da fare, la risposta è ripetutamente: «Very good my friend, very good!», lo dice stringendo le parole l'una all'altra in una sequenza velocissima mentre inclina leggermente la testa verso destra facendo dondolare il mento come fosse in un'amaca e contemporaneamente oscilla la mano verso l'alto unendo l'indice al pollice e lasciando volare il resto delle dita. Noi incantati quasi come serpenti al suono dei flauti, increduli e divertiti prendiamo tutto, tranne il cammello!

E' molto presto, i cancelli aprono all'alba per dare agli amanti della fotografia la possibilità di approfittare della luce e anche per dare più tempo alla visita, credo, il sito è veramente grande. Noi abbiamo aspettato che il sole portasse almeno un po' di calore. Ci siamo seduti ad aspettarlo in un piccolissimo bar all'angolo con il nostro hotel, ha solo quattro sedie in una veranda all'esterno. All'interno c'è appena il posto per una bellissima macchina del caffè; sorseggio la mia dose giornaliera che mi riscalda dal freddo del mattino. Questo posto è estremamente occidentale, un distributore di ciambelle con vista sull'oriente. Attraversiamo l'ingresso dell' area archeologica baldanzosi con il nostro biglietto in mano, mostrando bene il nostro nome. Saltiamo dritti avanti ai sequestratori a cavallo e lentamente vediamo, con la calma del cavaliere a terra, questo pezzo prima del Siq, che ieri abbiamo percorso di fretta. Riusciamo a scorgere un cavallo bianco ancora addormentato in quella che è un'antica grotta naturale in un angolo leggermente appartato dal sentiero principale. E' bello come solo i cavalli sanno essere. E' sdraiato poggiato sul petto, tiene la testa dritta e gli occhi chiusi, il suo manto bianco luccica nell'oscurità della caverna. Ieri sera abbiamo detto ad Azzedine, il proietario dell'hotel dove alloggiamo, che stamattina saremmo usciti presto, ci ha fatto trovare due grossi pacchetti con del cibo da escursione, c'è una mela dentro e il mio nuovo amico la accetta volentieri. Ci aspettano una ventina di chilometri oggi, prendiamo il sentiero principale che attraversa tutta l'antica città per poi salire sulla montagna fino al monastero di Ad-Deir. Più o meno all'altezza del "complesso dei giardini e delle piscine", punto segnato nella mappa che ci fa sorridere visto il paesaggio secco che ci circonda, c'è una stradina che ci porterà leggermente fuori rotta e leggermente in salita per raggiungere la Chiesa bizantina che ospita una delle mie passioni, i mosaici. La struttura fu costruita dai Nabatei e rimaneggiata in epoca bizantina intorno al 530 a.C., data di nascita di queste decorazioni, e ne conserva la pavimentazione, tra le più straordinarie della Regione. Rientrando nella strada principale la natura si mostra in tutta la sua forza; due fiori germogliano dallo stesso gambo in mezzo a questo luogo che sembra essere l'aridità di ogni seme. Ha petali bianchi, grandi, corposi. Un amico mi dirà poi che si tratta di una specie di Liliaceae, Tulipa Polychroma. Camminiamo a fianco ai resti dei monumenti come cittadini nella quotidianità dell'antica città, fino all'inizio del sentiero che porta al monastero, da qui comincia la salita. Per darci la carica ci mettiamo all'ombra di alcuni ulivi in una terrazza che offre un buffet spettacolare. Prendiamo principalmente "maqluba", ovvero "sottosopra", verdure, riso, carne e un'infinità di spezie. Ho scoperto che è possibile aggiungere anche petali di rosa a questa ricetta. Cotto in una speciale pentola, una sorta di tajine e poi, appunto, capovolto. L'origine di questo piatto, come molti dei piatti più gustosi al mondo, è molto povera e nasce dalla necessità di non sprecare gli avanzi, cose che ci chiedono cani, gatti e uccelli che ci ronzano intorno.

Da qui in poi si continua solo a piedi o a dorso d'asino. E' il

punto d'arrivo per molti animali e c'è parecchia confusione nel carico di turisti per la via del ritorno. Guardando indietro, oltre il Qasr Al Bint, spuntano le alte colonne del Great Temple. Ai piedi di queste un cane immobile si volta verso di noi, è l'incarnazione della lupa capitolina, identica, statuaria. Siamo noi a dover scostare lo sguardo.
E' il 16 gennaio e siamo in maniche corte, il sentiero si trasforma presto in una scalinata (a quanto pare di 800 gradini). Il sole è alto, il percorso stretto, pieno di gente e costeggiato da bancarelle continue che vendono tutti gli stessi gingilli, amuleti che pretendono di essere antichi. Prima che diventi tortuoso, quando le montagne lasciano ancora spazio ad una piccola valle, vediamo delle magnolie. Si presentano però molto diverse da quelle che siamo abituati a vedere. Assomigliano a dei cespugli, i rami si aggrappano alle pietre del terreno quasi ad impedirsi d'alzarsi per sfuggire al calore del sole. Ragazzini riescono a far correre asini lungo questa strada mantenendo un equilibrio che sembra quasi irreale. Tra le vecchie signore c'è una ragazza accovacciata sui talloni a fianco della sua bancarella, sola, porta uno dei tipici cappotti giordani color cammello, sembra fatto di cammello. Ne abbiamo visti molti e sembra indispensabile per proteggersi dalle basse temperature notturne. Fuma una sigaretta, ha un viso duro, un po' maschile, l'espressione assorta ed annoiata, parla al telefono. Gli sussurro di scattarle una foto, lui le chiede il permesso, lei annuisce svogliatamente come probabilmente a centinaia di turisti ogni giorno. Nasconde la sigaretta. La fermiamo, le chiediamo di restare così com'era, dice solo: «Non posso». Capiamo. Abbiamo il ritratto di una ragazza, ma non

abbiamo l'immagine di quella che era. Lungo il percorso i resti pallidi di monumenti minori simili a fantasmi nella roccia si fanno riconoscere solo dai loro ingressi, buie e profonde porte sparse qua e là nella montagna. Una volta scorto il monumento ipogeo, non contenti ci arrampichiamo ancora un po' così da goderci la nostra merenda da un'ottima visuale in compagnia delle capre, con mandarini e una spremuta di melograno che qui ha un sapore pungente. Osserviamo il monumento seduti su un confortevole (al corpo e alla vista) arredamento in legno del bar pozionato proprio di fronte. Ad Deir è una tomba/monastero/chiesa cattolica, mi chiedo cos'altro potrebbe essere, come si potrebbe trasformare oggi quella grande piazza in cima al mondo adornata da un'opera d'arte simile. Da lassù Wadi Musa sembra lontanissima, il sentiero cade ripido sotto di noi, abbiamo attraversato una delle sette meraviglie del mondo moderno e questo ci ha fatto venire una gran fame!
Sono quasi due ore di cammino dal nostro caffè in cima al mondo, e usciti dall'area archeologica per rientrare a Wadi Musa la strada torna ad essere in salita. Sulla via principale della cittadina, sulla destra, non troppo lontano dal nostro hotel, ricordiamo di aver visto un grande forno colmo di girarrosto. Prendiamo posto all'esterno quasi sul marciapiede, il locale è pieno. Un ragazzo indiano viene a prendere l'ordine, pollo arrosto per tutti e qualche piatto indiano. Si presenta e chiacchieriamo a lungo dell'India e del suo strano trasferimento in un luogo come questo.
Azzedine, il nostro meritevole padrone di casa, ha allestito una terrazza addobbata con i tessuti tipici, il fuoco e fortunatamente ha una splendida vista sulla città. E' giovane

e ogni volta che lo incrociamo in questi giorni è sempre circondato da amici con i quali sembra perennemente nel bel mezzo di qualche malfatto. Ci offre del whiskey che tiene nascosto dietro il divano della sala di ingresso. Negli ultimi quattro giorni siamo stati rapiti dalla storia e da una natura mai vista prima, non abbiamo voglia di tornare in città, non siamo pronti ad abbandonare il deserto.

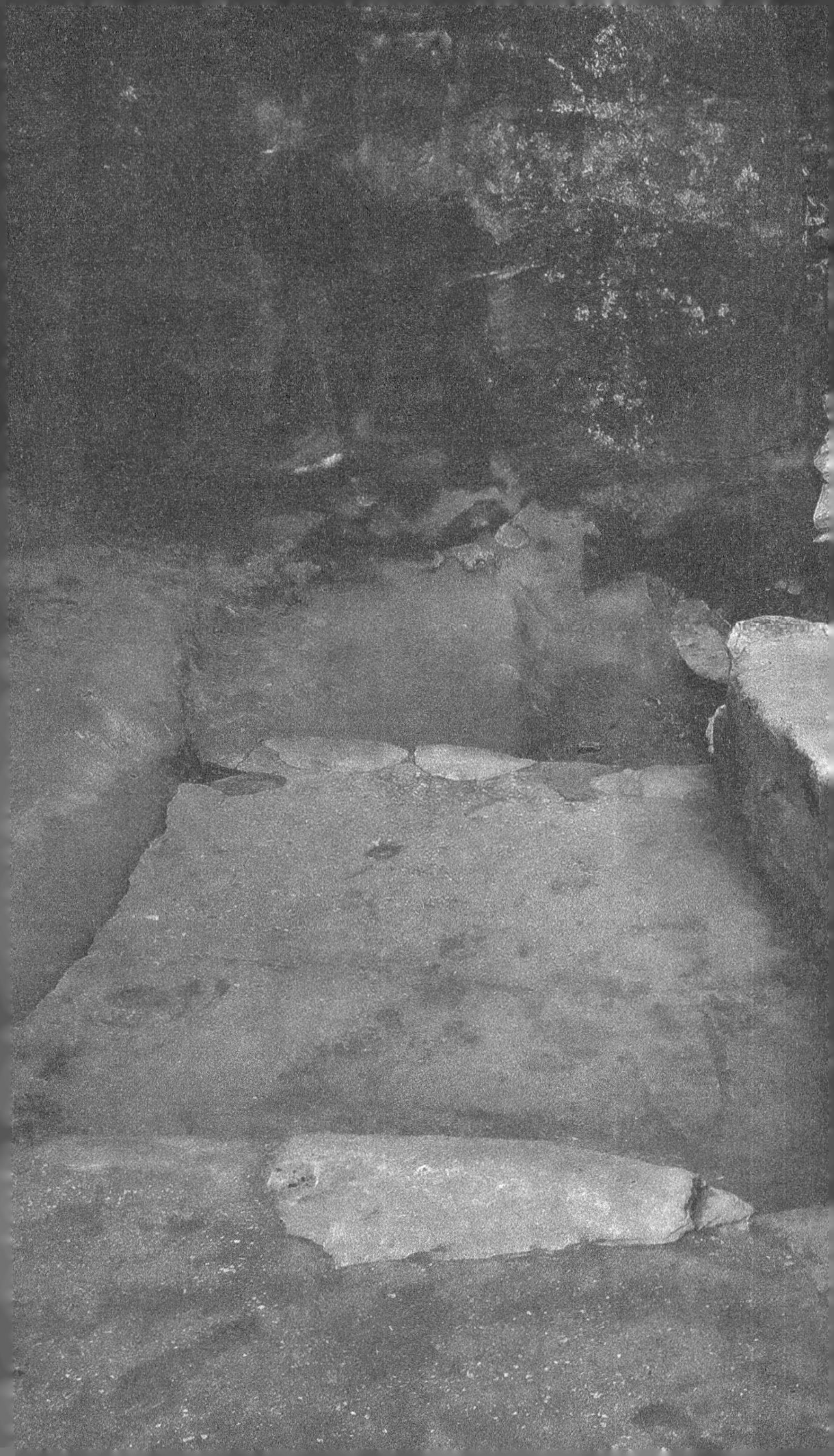

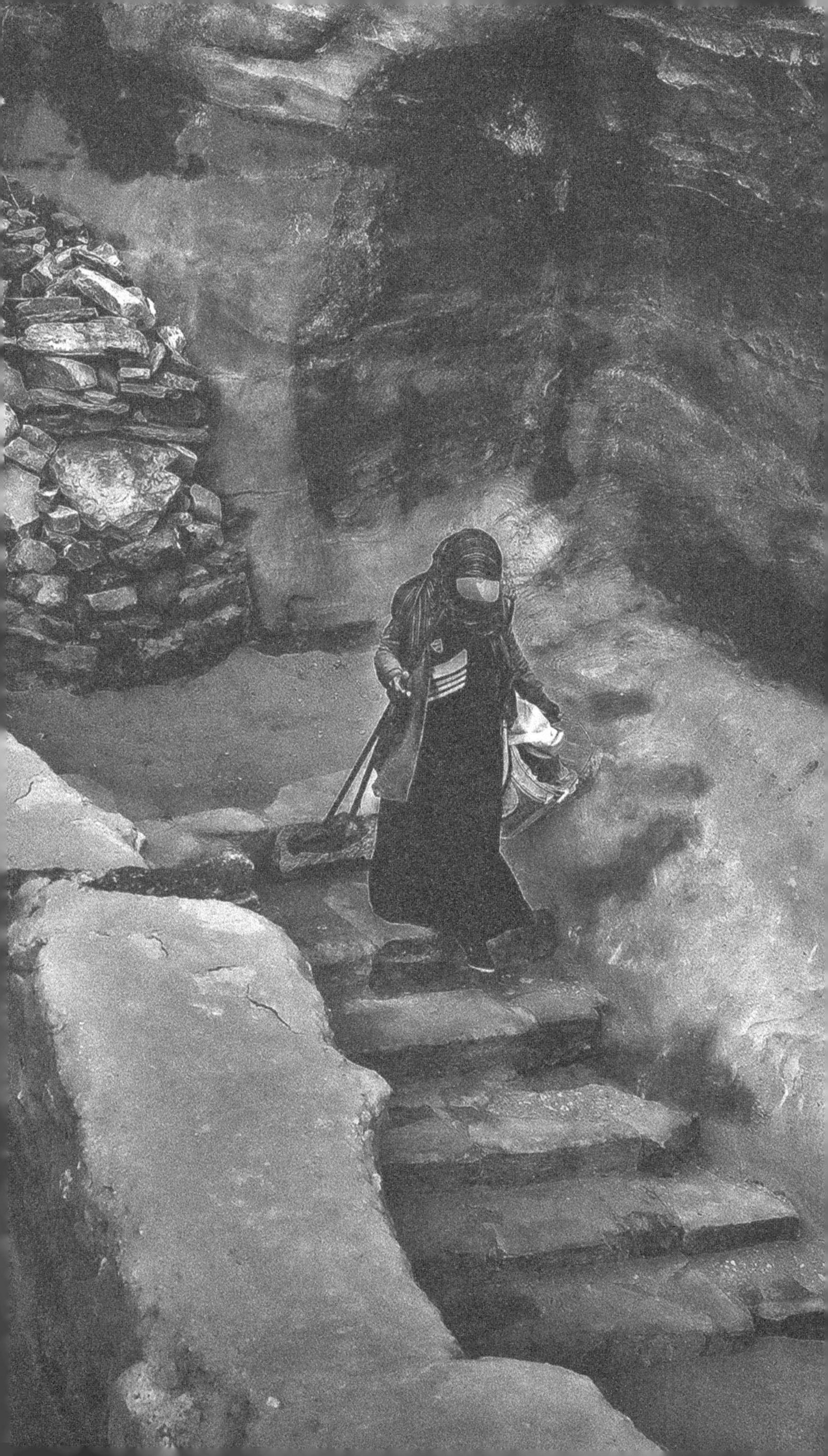

LA FAMIGLIA DI ATHALLAH

Circondati dalla nebbia, ed è l'ultima cosa che ci saremmo aspettati. Il solito caffè bollente in mano, la solita sveglia all'alba e "L'Italiano" che esce dalle casse della radio del taxi. Siamo sulla famosa King's Highway e stiamo tornando verso sud. Questa strada ha 5000 anni di storia, purtroppo il panorama tanto acclamato che offre questa antica via non possiamo godercelo. Comincia a piovere, il tassista che Azzedine ci ha fatto trovare fuori dall'uscio dell'hotel, tra quelle piccole viette di Wadi Musa, ora non ha una guida molto sicura lungo questa strada nelle montagne, ma la playlist è davvero soddisfacente, ci stiamo facendo una buona cultura di musica giordana. Scendiamo dall'auto al centro del Wadi Rum Village, un muretto di circa un metro separa la strada dal parcheggio di alcuni ristori. Occidentali bevono birra in attesa del prossimo passo della loro vacanza. C'è parecchio movimento, pare che sia l'unico villaggio nell'intero deserto ed è provvisto di tutto, compresa la Moschea. E' un punto di riferimento soprattutto per il turismo, ma scopriamo presto che anche i beduini del deserto lo vivono sempre più frequentemente. Abbandoniamo gli zaini sopra il muretto e aspettiamo fino a quando un ragazzo giovane, sulla ventina, scende da un pick-up. Athallah è il mio contatto beduino ed è disposto a farci conoscere la sua famiglia. Nonostante la nostra leggera diffidenza lui ci riconosce subito. Prima di lasciare il villaggio ci fermiamo a pochi metri dal punto in cui ci ha raccolti, ci fa accomodare vicino ad un fuoco all'interno di una tenda dove sta seduto un uomo sui sessant'anni con un turbante e un paio di occhiali da sole stile Ray-Ban. Ci offre del tè, che non beviamo perchè troppo zuccherato, l'uomo non ci toglie gli occhi di dosso mentre Athallah ci spiega lentamente le regole. Più che altro si informa sul nostro equipaggiamento, dovrà fornirci una tenda perché non ci è concesso dormire nella stessa della famiglia. Le regole principali sono due: non possiamo fotografare le donne e non possiamo mostrare alcun atteggiamento affettuoso. Abbiamo l'impressione di essere di fronte a quest'uomo, che ci viene presentato come lo zio di Athallah, per ottenere il suo consenso ad addentrarci nel deserto. A quanto pare, nonostante il declino del tè, abbiamo capito di aver fatto buona impressione, non capiamo invece come riescano ad orientarsi tra le dune e le montagne che sembrano tutte uguali. Ci dirigiamo verso un punto sconosciuto nel deserto a più di un'ora dal villaggio, corriamo a 120kmh per un sacco di tempo, mi sento un pò come se fossi nella Parigi-Dakar.

Saliamo in qualche promontorio con la sola intenzione di farci delle foto ricordo e perchè Athallah vuole mostrarci il panorama. La nostra destinazione non è altro che un' enorme tenda in mezzo al nulla, dalla quale esce un' incerta donna anziana. Srotola un grande tappeto al sole e, ammutoliti, osserviamo la sua cerimonia del tè. Porta due piccoli secchi, uno con dell'acqua, rotola dei bicchieri di vetro sulla sabbia, li sciacqua nella ciotola, ci versa il tè da una brocca di metallo bollente. Athallah le dice che lo prendiamo senza zucchero e lei ci guarda accigliata (come tutti). E' seduta con noi, porta il velo in testa, tutti noi lo portiamo, è una tenera protezione contro il freddo vento del deserto. Athallah la prende in giro, la chiama per nome e ride verso di noi scusandosi: «La fa arrabbiare, perché dovrei chiamarla mamma!», come tutte le mamme del mondo, penso io. Ci spiega che comincia ad essere stanca e che ha bisogno d'aiuto anche se non lo ammette (ripeto tra me e me, di nuovo, come tutte le mamme del mondo!). Ci prega di osservarla e di dare una mano in maniera discreta se possiamo. Prima di tornare al paese ci rassicura del fatto che se abbiamo bisogno di lui i fratelli possono farcelo sapere (della linea telefonica nemmeno ci si immagina). Prima di andare ci avvisa che ovviamente non c'è un bagno qui, allontana l'aria con la mano verso il vuoto indicando che ogni punto va bene. Ci muoviamo attorno al campo, c'è un'altra piccola tenda e scopriamo che è usata come dispensa perché vediamo la vecchia signora tentare di uscire con un grosso sacco di farina. Sarà circa 40kg, ci precipitiamo verso di lei e ci indica due o tre di questi da portare nella tenda principale. Sembriamo due sardine pronte alla frittura ma abbiamo compiuto la missione e soprattutto abbiamo oltrepassato il confine del regno interno di questo mondo e la sua regina ci lascia osservare i segreti per farlo resistere.

La grande casa è divisa in due da uno spesso tessuto e noi non vediamo cosa c'è oltre esso. La signora dondola stancamente il suo infinito peso da una gamba all'altra, prepara il pane. Sottili sfoglie cotte su quello che mi ricorda il rovescio di un grande wok, ci porge il pranzo. Penso a quante migliaia di volte questa donna ha compiuto questi gesti, a quante volte ho mangiato qualcosa di "straniero" cucinato da sconosciuti, a quante volte ho provato cose diverse, penso che questa donna probabilmente non ha mai mangiato del cibo che non fosse cucinato da lei, da sua madre o dalle sue figlie. Il suono di un motore interrompe i miei pensieri. Si alza il velo dell'hijab e esce dalla tenda lasciando scoperti solo gli occhi. In quell'istante capisco che concederci di vedere il suo volto intero è il segno che ci abbiano accolti nel loro cerchio familiare. Lo scosta velocemente, è suo figlio maggiore che si presenta, Difallah. Si occupa del minore, la testa di un bambino di 10/12 anni spunta da un mucchio di coperte, a quanto pare non sta bene. Difallah ha una zampa di capra al posto della leva del cambio dell'auto. Ride di questo, evitando gli arbusti nel deserto: «Sister, sister…» ripete in tono interrogativo. Ci ha portato con lui alla ricerca delle sue sorelle e di tutte le loro capre che hanno portato al pascolo. Ancora una volta non riusciamo a capire come riescono a distinguere le cose. La piccola è un treno, non smette di parlare, dice tutte le parole che conosce in inglese, ci fa bene intendere che le capre sono sue, anche i cammelli sono suoi. Qui gli animali sono tutto, e lei mette bene in chiaro il suo valore e il potere che ha in base a questo. Un tè nel deserto, un vero tè nel deserto, solo noi, loro e il tè. Nient'altro.

La famiglia è numerosa, conosceremo 5 ragazzi, compreso il fagotto tra le coperte, e le uniche due sorelle femmine. La piccola quattordicenne Magadeer, che pare essere la totale addetta alle capre, e una diciottenne ormai solo in attesa del suo giorno di nozze. I ragazzi hanno tutti il nome di Allah, è bello chiamarli tutti in rima: Abdullah, Difallah, Madallah… Siamo una catena, tutti con le braccia in alto come vigili a dirigere il traffico delle capre che corrono velocissime! Cerchiamo di farle entrare nel recinto per loro costruito con delle lamiere a fianco della grande tenda. Non è facile come sembra, tutti corrono ovunque sventolando le braccia. Ridiamo quando le vediamo tutte dentro pronte per la notte. Ora tocca la parte più difficile, una decina di cammelli ci vengono incontro. Il pascolo dei cammelli è relativamente più semplice perché non hanno bisogno di essere guardati durante il giorno. Vengono loro legate le gambe con una corda leggera, quelle anteriori tra di loro e lo stesso per quelle posteriori; così, obbligandoli ad un passo sgraziato, non possono allontanarsi troppo e li si può andare a recuperare comodamente in macchina. Dobbiamo legarli a degli arbusti accanto ai quali si accovacceranno e dormiranno questa notte, ma non è per niente semplice. La madre, nonostante l'età e i suoi fianchi satolli, salta abbracciando il collo del cammello e costringendolo a piegarsi. La maggior parte di loro è gravida e volontariamente si accascia a terra e si lascia coprire da pesanti coperte. Uno di loro, più giovane, più minuto, sembra non volerne sapere di andare a dormire, salta a piè pari. Nonostante le gambe legate hanno imparato a correre compiendo dei buffi salti. E piange. Piange e urla come un bambino. Madallah, la madre e Luigi faticheranno quindici minuti buoni prima di riuscire a portargli la capezza bassa e legare anche le gambe per sicurezza all'arbusto.

Vediamo la luce sparire in pochi secondi. È freddo, così freddo che non si può stare lontano dal fuoco. È incredibile come Luigi riesca a comunicare con queste persone. Lavora per immagini, mostra fotografie, ma sostiene lunghissime conversazioni soprattutto con la madre. Sembra che ci sia una speciale connessione tra i popoli del Sud, come se in loro

ci fosse un rimasuglio genetico di un antico linguaggio. Noto che i beduini gesticolano molto come noi italiani ma il loro flusso va nel verso opposto; i nostri movimenti partano sempre dall'esterno verso l'interno mentre per loro è il contrario, lasciano roteare le dita una dopo l'altra verso il cielo. Io devo accontentarmi della traduzione, ovvero capisco che il tessuto della grande tenda è stato fatto dalla loro nonna. L'indomani, aiutando a sistemare il tetto del riparo delle capre, ci accorgeremo che ha un peso inaspettato.
Sono totalmente nere, attraversate da delle linee bianche dalle quali scendono delle asticelle, tante quanti sono i capi di bestiame che posseggono. La signora non mostra alcun segno sul suo corpo ma si passa un dito sulla fronte e nel mento per indicare dove la sua di nonna aveva tatuato lo stesso motivo ornamentale, simbolo del suo rango nella gerarchia del deserto, nel deserto dell'inizio dello scorso secolo. Uno dei fratelli di Athallah, Abdullah, un po' paffuto con il viso dolce e un pò timido, rimane oltre la cena accanto al fuoco con noi. Per semplificare la situazione abbiamo detto a tutti che siamo sposati. Abdullah guarda Luigi, poi guarda me, poi Luigi, poi me. Non mi toglie gli occhi di dosso, mentre in una scena che a me pare al rallentatore, scende con la testa in diagonale, quasi il suo busto fosse un unico pezzo a seguire quella rotta indipendentemente dal suo corpo. Gli occhi sempre su di me, io sono sdraiata su un fianco di fronte a lui, tra di noi il fuoco. Già so, già rido. Pieno di incomprensione e di stupore, sussurra all'orecchio di Luigi: «Ma è un ragazzo o una ragazza?». Effettivamente con questo taglio di capelli, senza velo...Come dargli torto!

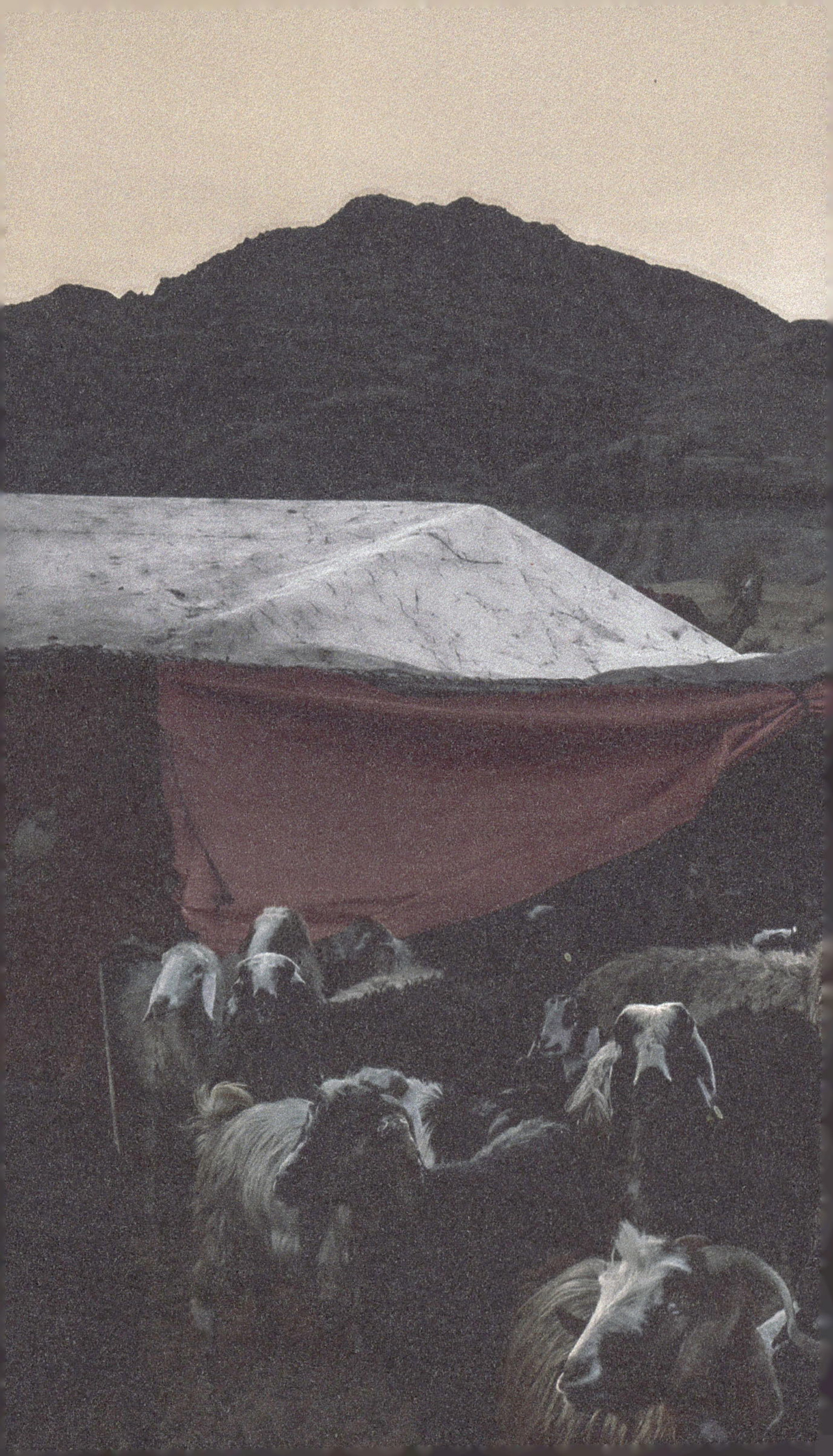

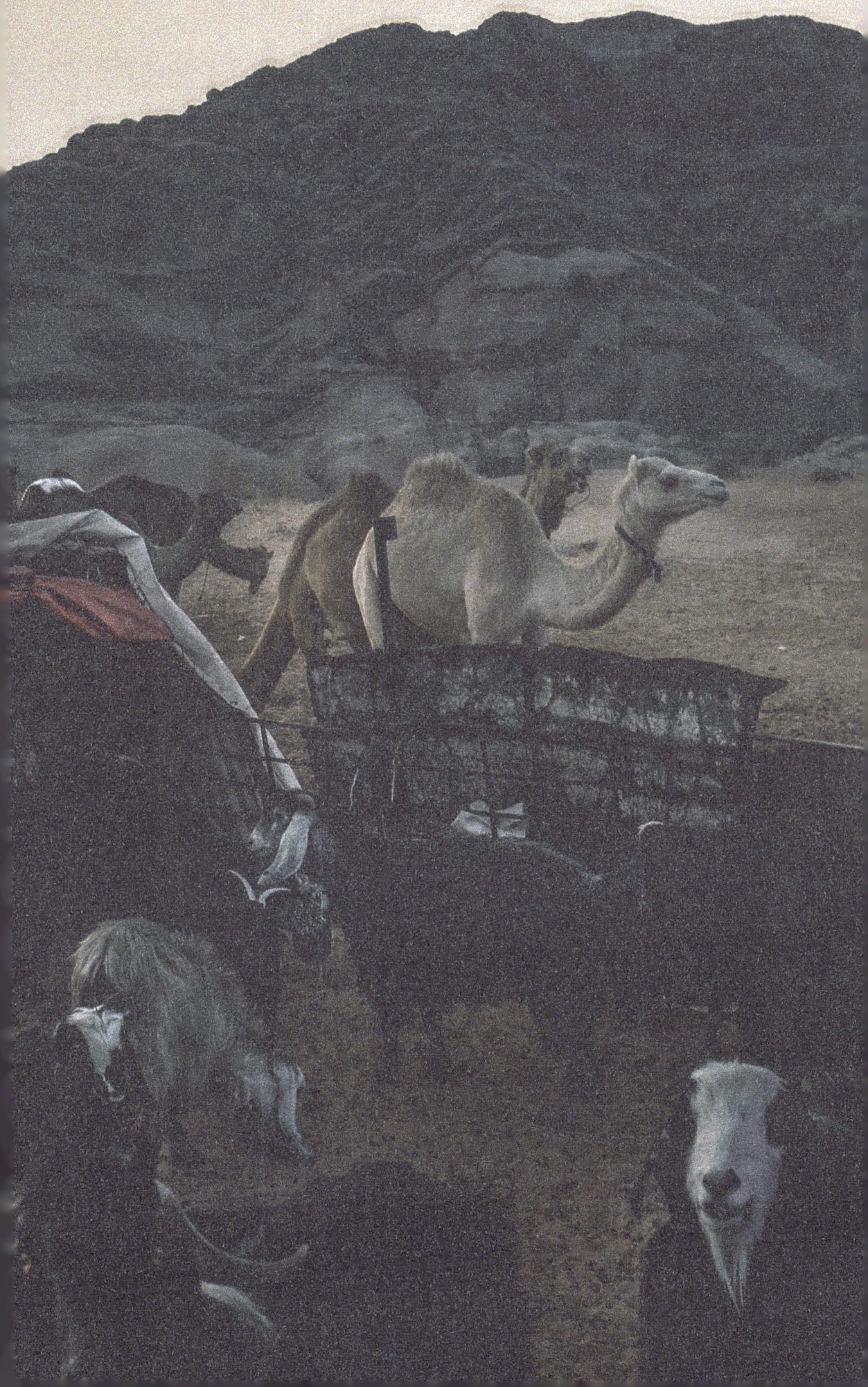

Ci vuole un gran coraggio per uscire dalla tenda, è inverno quindi non ci sono né lupi, né serpenti, né scorpioni, solo il vento.
Finalmente le stelle. Durante la notte al Martial Desert Camp, da Ahmad, il campo era grande, c'erano le luci della terra e il rumore degli esseri umani vicino a noi. Qui veniamo schiacciati dal buio e della pressione dell'infinità delle stelle. Non siamo ben attrezzati, non abbiamo un cavalletto, ma utilizzando qualche trucco riusciamo comunque ad immortalare questa bellezza.
Mi costringo a fare la pipì nella sabbia, ma solo perché non ce la faccio più! Essere in una posizione vulnerabile con tutto questo vuoto attorno non mi spaventa, ma il freddo è uno dei miei punti deboli. Ci ripariamo nella piccolissima tenda di nylon che Athallah ha sistemato a mezzo metro dalla loro. Gli zaini alle nostre spalle a farci da ulteriore riparo ed enormi pesantissime coperte sopra di noi. Ci sdraiamo vestiti con tanto di cappello, il vento è impetuoso e sono certa che i grossi massi che i ragazzi hanno messo ai bordi della tenda non reggeranno. Voleremo via! Noi, la tenda, le pietre, gli zaini/scudo e le coperte che odorano di capra. Odorano di capra così forte da riuscire a raggiungere l'epifisi nel mio cervello e destarmi dal sonno. Apro gli occhi nella notte non credendolo possibile, che si potesse farsi svegliare dalle narici. Non è cattivo, è quasi dolce, è solo prepotente. Ci svegliamo nello stesso punto, niente e nessun è volato via lungo la notte.

Magadeer ci prende per mano, dobbiamo aiutarla a nutrire i cuccioli di capra. Questo è periodo delle nascite, ci saranno una quarantina di cuccioli più piccoli di tre mesi. E' importantissimo che ogni cucciolo venga allattato solo dalla madre e, a quanto pare, visto il numero elevato, è facile che si faccia confusione rischiando che un cucciolo mangi molto e un altro nulla. Magadeer li pesca con abilità da un recinto, ovviamente li riconosce tutti. Ci indica con il dito chi è accoppiato con chi. Ovviamente l'effetto dei cuccioli non risparmia nessuno, uno in particolare mi ha preso il cuore e ruberò minuti nelle ore successive per andare a coccolarlo. Ora le capre adulte sono pronte per uscire al pascolo e noi per la colazione. Magadeer ci fa segno che è il momento di lavarsi le mani, apre il rubinetto di un grosso camion cisterna. Non saprei dire quanta acqua contenesse. Un rigolo esce dal tubo e ci sciacquiamo le mani. Nel frattempo vediamo i cammelli allontanarsi da soli nel deserto con il passo lento e zoppicante dato dalle corde alle caviglie. Siamo soli con le ragazze che si sentono finalmente libere di interagire con noi, la più grande si sposerà a breve e vuole capire come funziona il nostro "matrimonio", vuole sapere del vestito. Non so come spiegarmi e allora prendo un foglio e disegno un abito da sposa. Mostro dal cellulare una foto del matrimonio di mia cugina al quale siamo stati poco tempo prima di partire. Dico che è mia sorella, perché "sister" è l'unica parola che conoscono. Insistono che vogliono vedere il mio, di vestito, e fortunatamente si distraggono scorgendo la mia immagine con i capelli lunghi. Sono sbalordite, non concepiscono come e soprattutto perchè una donna possa decidere di tagliare i capelli in questo modo, completamente. Siamo sul tappeto all'ingresso della tenda grande, adibito a sala/tavolo da pranzo, parliamo di festeggiamenti.

Ovviamente tutta la conversazione è un teatrino di mimi, Luigi si agita mostrando dei balli e le ragazze ridono. Voglio immortalare questo momento e per prendere meglio l'inquadratura mi metto in mezzo a loro. Si ritraggono, e fanno per coprirsi il volto. Metto bene in evidenza lo schermo del telefono mostrando che solo lui sta entrando nell' immagine, così da farle rilassare e lasciarle continuare a ridere. In risposta ad una sua battuta non troppo simpatica, alzo un pugno verso di lui e le ragazze scoppiano a ridere ancora più forte. Così si riassumono tutte le relazioni.
Dalla parte della tenda che ci era nascosta entra il loro padre, un vecchio beduino vestito di nero. Si siede accanto a me e dalla sua tunica spunta un prezioso, lucente ed intagliato pugnale dal manico corto e sottile, in un fodero argentato. Inizia a mangiare senza dare troppo peso a noi, all'improvviso prende la mano di Luigi e per raggiungerla tende il braccio di fronte a me, oltrepassandomi. La scruta con attenzione, osserva i tatuaggi, volta la mano da una parte e dall'altra. Gli stessi identici segni che decorano la sua casa. Non ci guarda in viso, lascia la mano. Questo è tutto quello che avremo da lui, un tesoro inestimabile. Continua la discussione con uno dei suoi figli maschi che è arrivato dal paese con una giovane annoiata. Il ragazzo ci interrompe confermando quello che ci stiamo borbottando, ha sposato da poco questa ragazza che il padre, con un gioco di mani che non capiamo, riesce a far sorridere.
Qualche giorno fa ha nevicato, tutti ragazzi sono eccitati da questo evento e ci raccontano aprendo le braccia più che possono di come fosse bianco dappertutto. Il mare non è lontano, sicuramente nella loro vita nomade in simbiosi con

il deserto si sono spinti fin laggiù. Più a nord fiumi e cascate attraversano i canyon, ma avranno mai visto una foresta? Ci parlano di un unico grande ulivo solitario da qualche parte in questo deserto, lo considerano bellissimo. Madallah, il ragazzo col sorriso brillante, ancora seduto accanto alla moglie che ha ripreso il suo sguardo annoiato, mi distrae. Ha in mano medicinali e ricette e ci chiede consiglio. Acidità di stomaco, data da stress. Come possono questi individui che vivono in questo modo essere stressati? Ormai i ragazzi vivono tutti in paese, a breve anche le ragazze se ne andranno e non c'è verso di convincere i genitori a seguirli, dicono che non possono dormire, che ci sono troppi rumori laggiù nella civiltà. Come si può chiedere a dei settantenni di abbandonare il loro habitat? Ma i ragazzi sono preoccupati, sono anziani e non possono lasciarli soli nel deserto. Tra voglia di costruirsi un proprio futuro e reverenza verso i genitori, si ritrovano con in mano scatole di Maalox. Anche qui, nell'apparente nulla, sembra impossibile scappare da questo male.

Mentre ci riporta al villaggio, Athallah ci racconta che il padre qualche tempo prima si perse nelle montagne. Lui dice di essersi addormentato, ma non ricorda nulla. Viste le conseguenze, pensiamo possa aver avuto un ictus o un principio di Alzheimer. Quest'uomo morirà alla fine dell'anno, a novembre 2020, mentre io sto scrivendo queste parole. Abbiamo avuto la fortuna di conoscere uno degli ultimi di questi uomini, dei veri beduini del deserto Giordano.

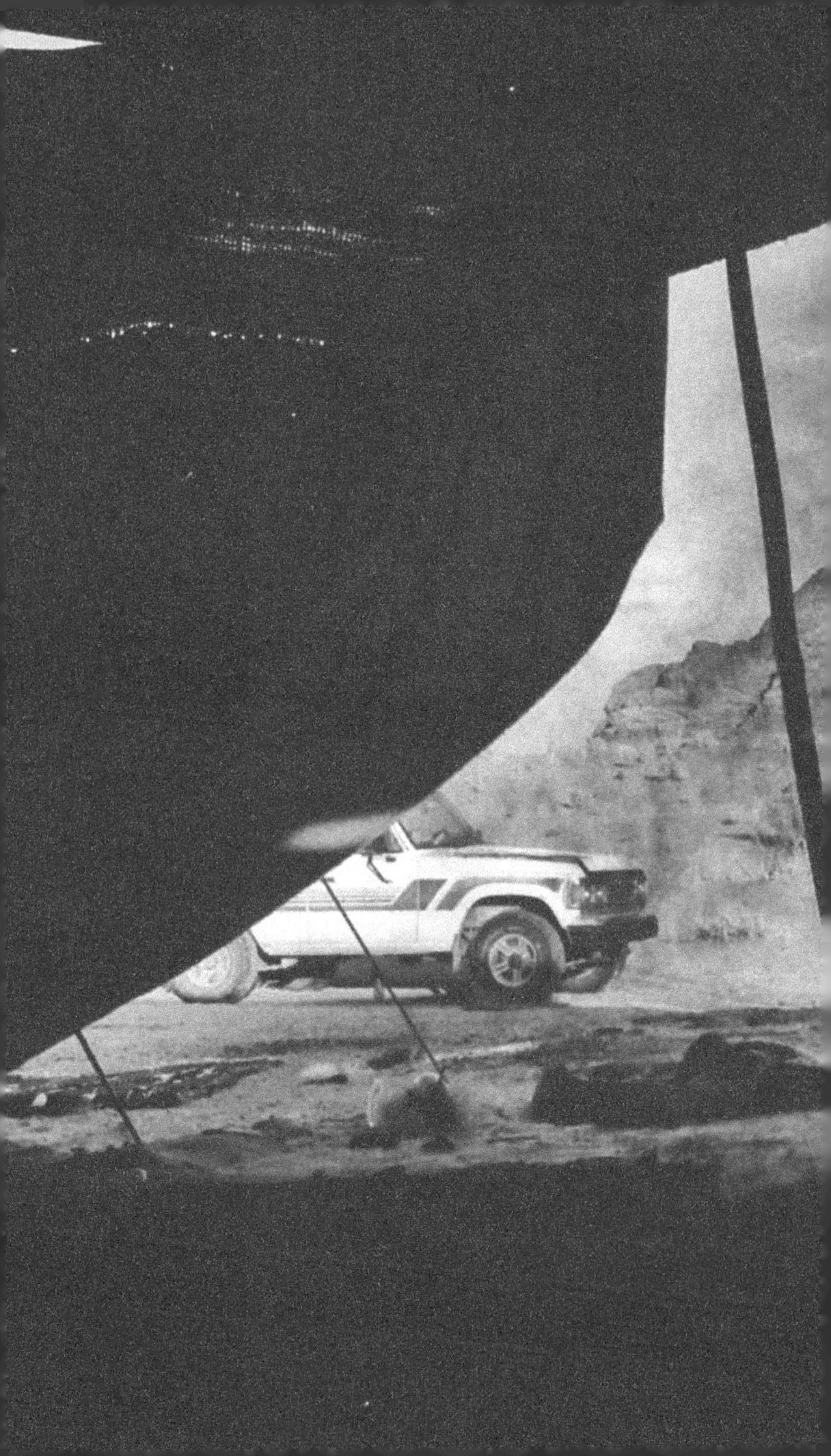

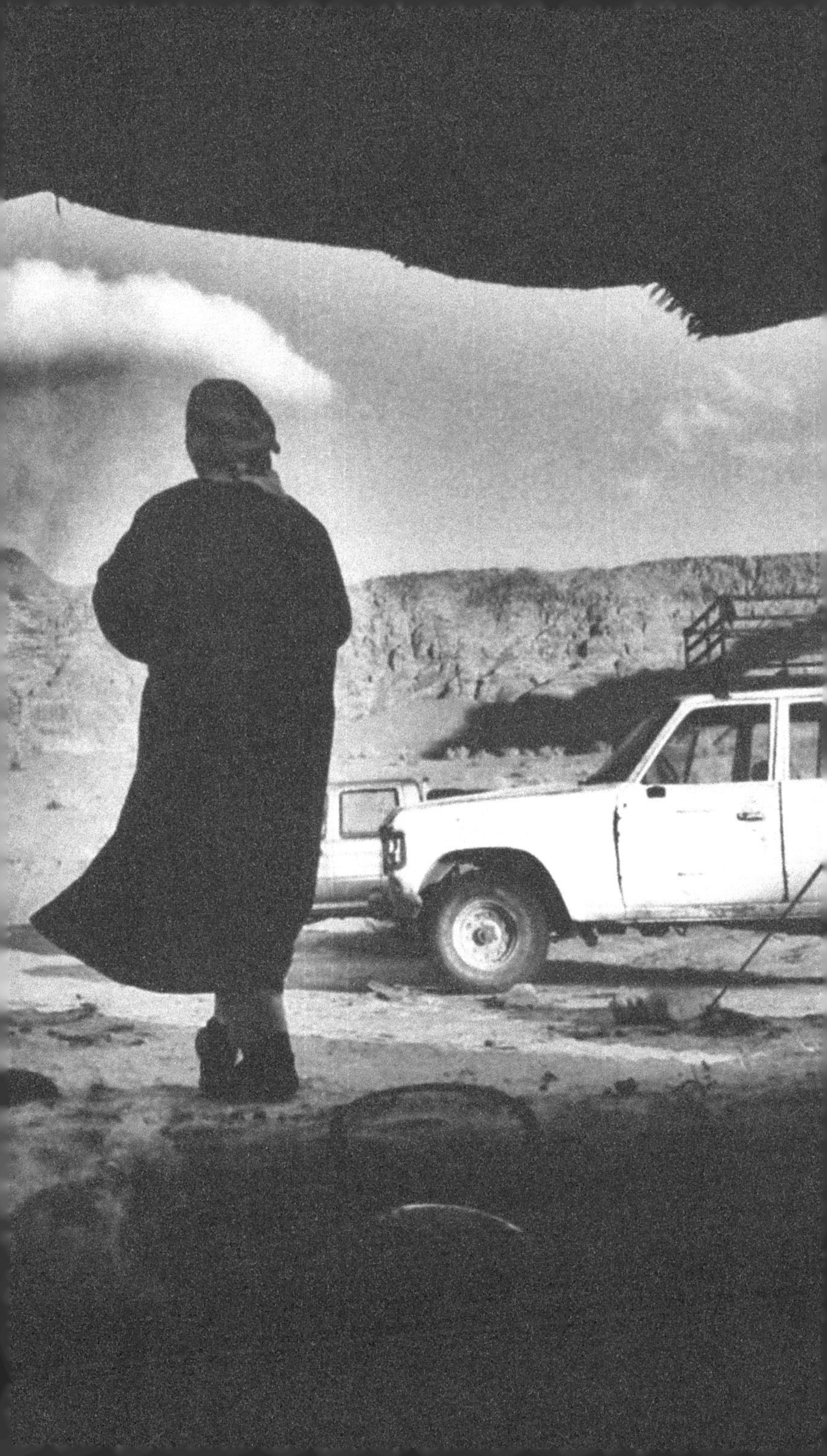

Mentre Athallah si prepara a partire, passeggiamo al sole, guardiamo gli uccelli che non ci hanno mai abbandonato. Una specie di passero totalmente nero con una riga arancione che gli attraversa le ali, uno Storno di Tristram, e alcuni Carpodaco del Sinai dal colore sabbioso e dalle sfumature rosse.

Evitiamo alcune capre che si scornano con violenza e camminiamo oltre il recinto. La mia capretta preferita ci segue, non ha nemmeno due settimane e traballa sulle zampe, belando in un'infinita ricerca d'attenzione. Scarabocchio sulla sabbia, Magadeer ci raggiunge e parla della scuola, di quanto sia brava. Riesce ad individuare il mio segno sulla sabbia, ancora una volta siamo increduli. Chiediamo ripetutamente riguardo a questo argomento, ma pare che non ci siano trucchi specifici, semplicemente vedi, riconosci e conosci il tuo mondo di tutti i giorni. Disegno sole e luna e la ragazzina orgogliosa scrive i loro nomi in arabo, scrive anche il mio e quello di Luigi e il suo; ma il suo non ci permette di fotografarlo, non lei, nemmeno il suo nome scritto sulla sabbia.

31°43'N 35°48'E

Siamo di nuovo al muretto, in lontananza vedo un ragazzo accompagnato da una ragazza bionda grande più o meno la metà di lui, non perché sia piccina, ma perché lui ha veramente le dimensioni di Thor. Sono come noi, solo con un sacco di lunghi capelli biondi e l'accento spagnolo. Vanno verso sud, ad Aqaba, come noi. Da lì dobbiamo prendere un mezzo che ci porti a nord. Loro devono camminare fino al Wadi Rum Visitor Center perché hanno già il biglietto dell'autobus che parte dalla stessa fermata dove noi siamo stati alcuni giorni fa. Il tassista che si è avvicinato a noi glielo sconsiglia; effettivamente sono sette chilometri e mezzo di passeggiata. Ci propone di portarci tutti ad Aqaba passando dal Visitor Center e far rimborsare il biglietto dell'autobus ai ragazzi. Ovviamente è una lunga contrattazione alla biglietteria, ma alla fine ognuno ha la sua parte. Noi paghiamo i 5JD per uscire dall'area protetta del Wadi Rum; dal 1997 l'Unesco ha istituito diversi valori per salvaguardare moltissime aree in Giordania, questa si estende fino al confine con l'Arabia Saudita, 74.000 ettari di gole, scogliere, grotte, petroglifi, 12.000 anni di occupazione umana, di pensiero umano, di sviluppo dell'alfabeto, di rivoluzione agricola, urbana e religiosa. Evoluzione che rimanda sempre all'opinione personale.
Siamo in auto, Thor davanti, il tassista ci illustra i benefici della poligamia e quali siano le problematiche in occidente dovute alla non acquisizione di questa pratica. Ho un cassetto colmo di informazioni ed esperienze sull'argomento, provo ad aprir bocca, mi arrendo alla prima risposta. Lasciati

gli spagnoli al loro hotel ed indicato loro dove mangiare in città in una conversazione per eleggere quale posto fosse il migliore, il simpatico tassista ci propone di portarci a Madaba. Sono più di 300km, quattro ore di strada. Luigi dorme nel sedile posteriore e lungo lo stradone a più corsie comincia a piovere.
Più saliamo verso nord, più tutto si fa bagnato.

C'è una veranda piastrellata e un corridoio piastrellato, dove piccolissimi lavandini stanno in riga uno dopo l'altro; in fondo, il bagno di un autogrill. Devo attraversare il corridoio e ancora una volta mi viene ricordato dove mi trovo; donne che pregano con la nuca contro il muro. In una strada come questa che dall'antichità esiste per compiere lunghi viaggi, non poteva mancare "la stanza della preghiera", anche se si limita a pochi metri quadri, ad un muro e a qualche lavandino. Chissà se anche il bagno dei maschi ha una stanza della preghiera, dove ripulirsi dal viaggio e scandire il giorno.
Al bar non ci sono donne come clienti. L'unica che vedremo è una ragazza, in una caffetteria a Madaba. Lavorava e non portava il velo. Probabilmente apparteneva alla minoranza greco-ortodossa che rende la città una delle più grandi comunità cristiane della Giordania.
Il tassista mi porge una tazza di tè bollente senza zucchero e due rotoli di pane farciti con uova sode e verdura, che addolciscono la nostra conversazione. A Madaba lo lasciamo alla sua via del ritorno.

L'ingresso del Moab Land è in fondo ad una galleria simile a quella di un centro commerciale, alla reception ci consegnano una mappa stampata con un immagine presa dal satellite con i ristoranti più vicini segnati con una penna blu. «E' stata la doccia più bella della mia vita», il ronzio del condizionatore (con la temperatura al massimo) da una parte, le campane dall'altra, il muezzin che chiama la preghiera della sera. Il caldo e il letto suonano di strano.

Il getto d'acqua bollente senza interruzione sui nostri corpi stanchi ci porta ad affrontare volontariamente una morte sicura, il ritorno ad una realtà che per un pezzettino non sarà più quella di prima.

La mappa di Madaba oltre ai ristoranti ci mostra il numero dei siti che danno forma a questa città, noi siamo qui solo per un motivo, "La Mappa di Terrasanta", e questa notte ci abbiamo dormito davanti. Dopo una colazione nell'attico dell'hotel, con una vista notevole nonostante il maltempo, attraversiamo la strada e dopo aver brevemente atteso la fine della preghiera entriamo nella chiesa di San Giorgio. Ci vorrebbero milioni di vite per vedere tutto, ma forse una basta per vedere quello che amiamo e questo pavimento per me ne contiene due nello stesso punto: le mappe e i mosaici. Risale al VI secolo d.C. e ora sta davanti alla punta dei miei piedi. E' il più antico mosaico di pavimentazione geografica conosciuto, realizzato da sconosciuti. Non è orientato verso nord come le mappe moderne, ma guarda verso est, verso l'altare, in modo tale che la posizione dei luoghi sulla mappa coincida con le direzioni della bussola.

Raffigura il Medio Oriente e in parte contiene la più antica rappresentazione cartografica originale sopravvissuta della Terra santa e di Gerusalemme. Potrebbe essere servita per facilitare l'orientamento dei pellegrini che desideravano raggiungerla. Più di 20 metri e 2 milioni di tessere, spiegazioni in greco, 150 città e villaggi (tutti etichettati), mari, animali, simboli scomposti da tessere casuali cambiati nel tempo. 1500 anni dopo, luoghi disegnati qui sono ancora esistenti, alcuni non molto diversi da allora. E se i miei piedi dovessero seguire questi tasselli per tornare a casa? Riuscirebbe la mia mente a ricordare simboli e linee ed il mio cuore avrebbe abbastanza fede d'arrivare alla meta? Quel che resta della dedizione di alcuni fedeli e di secoli di un pavimento calpestato, per me è un'opera d'arte senza eguali. Madaba è un sito biblico, ogni angolo è un susseguirsi di questa e di quella religione, di un prima e un dopo.

Non vogliamo visitare il Monte Nebo e simili e anche questa volta la grande Moschea appare chiusa. Il freddo ci porta tra le vie di questa città arabicamente moderna, a comprare sciarpe. Uguali, che ora stanno appese all'ingresso di casa, come monito a ricordarci dove siamo stati, lunghe sull'appendino come soldati pronti ad attendere l'ordine che le riporterà a servizio.

E' domenica, non venerdì (il giorno della preghiera musulmana), mi chiedo se c'è qualche ricorrenza particolare. Inconsapevolmente seguiamo con la testa l'andamento circolare di tutta quella gente dentro lo schermo della TV. Uno dei ragazzi che gestisce il Fokar & Bhar restaurant, che diventerà uno dei nostri posti preferiti, ci spiega essere la Mecca in un normale giorno, in un normale minuto di tutti i giorni da quando esiste; un perpetuo ruotare di passi che recitano le stesse parole. A guardarli da così lontano non sembra ci siano donne, vorrei parlarne con i ragazzi ma cominciano a portare un'infinità di squisitezze e si divertono a parlare in inglese come se per questo breve tempo si trovassero in una scena di un altro paese, di un'altra città. La mia scelta ricadeva sul locale di fronte, con mattoni faccia vista bianchi, un balcone in legno e dolce musica dal vivo, ma Luigi mi ha presa per mano e portata da questa parte della strada, in una stanza con vetrina che sembra un bar degli anni '60. Sedie e tavoli in legno, muro piastrellato di bianco, giovani locali, la Mecca alla tv e come al solito cibo caratterizzato da estrema gradevolezza.

Settecento metri alla stazione degli autobus, sembra facile ed è bello passeggiare per Madaba. Ma al nostro arrivo non c'è uno sportello o una biglietteria e riparte la lotteria.

Sono tutti mini autobus, non abbiamo mai visto veicoli più grandi di così. Infilo la testa in una delle porte dei mille che stanno in questo enorme parcheggio, nomino la capitale e l'uomo alla guida si mette ad urlare con il suo vicino, che a sua volta urla qualcosa a quello che gli sta davanti. Ci fa cenno di salire da un suo collega che ha l'autobus tappezzato di velluto rosso, con le tendine color oro e delle carinissime lampadine nella corsia centrale. Ci schiacciamo in bilico con gli zaini, parte, gli chiediamo del biglietto ma risponde in arabo, siamo in balia degli eventi. Fortunatamente aspettiamo a metterci comodi perché dopo un paio di curve si ferma in mezzo alla strada e, facendoci segno col dito, ci indica un'altro autobus : Amman. I nostri sorrisi sono l'unico modo che abbiamo per indicare la nostra gratitudine per questo favore non richiesto. Scendiamo veloce in mezzo alla strada, paghiamo il biglietto e in meno di un'ora siamo nella capitale.

31°57'18,79"N 35°56'42,11"E

Non lo vedremo più, il sole in Giordania. Si fa buio e continuerà ad essere color umido per due giorni. La città è immensa, poggia su di un terreno ondulato formato da quattordici colli, chiamati "Jabal". Un attimo si scende nel suo grembo e quello dopo, risalendo le sue sponde, non si riesce a vederne la fine all'orizzonte.

Il taxi costeggia lento, nel traffico, il colonnato del Teatro Romano di Amman, l'unico scorcio dei monumenti che ci verrà concesso. Siamo nella parte orientale della città proprio accanto al tempio di Ercole, ancora una volta ci ritroviamo in una strada che porta il nome del re. Dopo aver sobbalzato sopra e sotto nelle vie sopraelevate, il taxi che abbiamo preso alla stazione degli autobus si ferma davanti al Nobel Hotel; contrattiamo il nostro prossimo viaggio. Il tassista ci aiuta a portare gli zaini oltre il varco dell' ingresso, anche se a noi sembra un palazzo abbandonato, lui è sicuro che siamo nel posto giusto.

La giornata è poco illuminata e oltre la porta un'unica luce fioca passa da una finestra alla fine della scala. E' molto più tetro degli androni impolverati che abbiamo incontrato fin' ora, ma un cartello dice: "Non fatevi spaventare! Siamo al piano di sopra!"; già troppo assordati dalla frenesia esterna, saliamo la scala senza pensare.

All' ultimo gradino una fotocellula muove la porta scorrevole che ci troviamo davanti, come per magia il buio diventa calore ed Aladin è pronto ad esaudire ogni nostro desiderio. «At your service», sono le sue prime parole (al vostro servizio!). Ha la pelle olivastra, pochi denti e i capelli bianchi, non proprio l' aspetto di un genio, ma sicuramente l' atteggiamento di un uomo dai poteri inimmaginabili. La registrazione diventa un' opera teatrale e, continuando la sua rappresentazione personale, ci accompagna in fondo al corridoio, concludendo aprendoci la porta della nostra stanza.

Dobbiamo forzatamente tirarci fuori dalle lenzuola bianche e candide. Abbiamo misurato bene il nostro tempo, cogliendo finora opportunità che non ci ricapiteranno e per quanto l' asfalto bagnato non sia attraente, ci mettiamo di nuovo sul marciapiede saltellando lungo il muro delle case per proteggerci dalla pioggia.

Amman si è largamente sviluppata nel XX sec., è moderna, giovane e caotica. Troviamo riparo in un negozio di frutta secca, ma non sembriamo gli unici ad aver avuto questa idea. Tra la confusione dei clienti decine di sacchi ricolmi di micropezzi di mille colori, ci riempiamo le tasche di datteri carnosi che ci saranno utili per il viaggio di ritorno.

La collina di Jabal al Qalq'a, dove ci troviamo, ospita le numerose rovine antiche, ma nell' indistinta creazione delle nuove vie, ho l' impressione, o forse è solo l' impressione di un viaggiatore stanco sotto la pioggia, che l' unica meta plausibile sia un' esposizione infinita di tutti i tipi di baklava esistenti. Oltre la vetrina, una sala quadrata con soppalco circolare. Sono molti i piatti che ci hanno seguito in questo viaggio, hummus, pita, mansaf tipico della tradizione beduina ovvero ragù di montone con latte di capra, mandorle e pinoli, accompagnato con riso e salsa yogurt; le kufta, polpette di agnello e montone speziate, fritte o cotte alla brace; poi il preferito di Luigi, il celebre musakhan, pollo

al forno insaporito con cipolle e pinoli; la crema mtabbal di melanzane acidificata con yogurt, limone, pepe e aglio. Assaggiamo nella capitale quello che ci manca, il tabbouleh, un' insalata a base di bulgur condita con prezzemolo, cipollotti, menta, pomodoro, cetrioli (tra le poche verdure fresche disponibili nella cucina giordana), succo di limone e olio d'oliva. Un cameriere in cravatta non ci fa mancare una portata contente un intero piccolo cervello d' agnello, dall' aspetto discutibile e dal sapore a me sconosciuto per mancanza di coraggio; Luigi ne è rimasto entusiasta. In compenso, scoprirò alcuni dei baklava che avevo ammirato all' ingresso, per la precisione i kunafa, una versione con la pasta kataifi.
La città non è solo enorme (1.680 km quadrati), ma anche doppia! Tutte le attività commerciali sono disposte su due piani, alternati tra i negozi corridoi stretti come capillari escono dalla vena principale. Un cartello di metallo nero, pende da due catenelle, orizzontale sopra le nostre teste con una scritta dallo stile francese che dice "Eco -Tourism Cafè. Since 1924". Entriamo nel vicolo, ma svoltando in quello che è palesemente il gradino sbagliato ci ritroviamo all' "Amoun Cafè".
Pareti alte e soffitto nero tra le travi sostenute da colonne bianche. Accanto ad ogni tavolo in legno un treppiedi di metallo appositamente disegnato per poggiare i narghilè. Attraversando il pavimento piastrellato con le decorazioni blu dell' arte islamica, raggiungiamo la stretta veranda che dà sulla città.
Il locale è vuoto, solo un vecchio seduto accanto ad un grande forno e un ragazzo che fuma, accovacciato in una

delle due file di tavoli all' esterno. In quello che ovviamente è un locale principalmente per fumatori, ci portano un posacenere, due bicchieri d' acqua in plastica sigillati e la lista dei gusti del tabacco. Dev'essere molto frequentato con la bella stagione e ad un altro orario; per noi però solo poster di vecchi film sulle pareti sbiadite dal fumo e un caffè turco dove mi diverto a fingere di leggerne i fondi. La copertura della veranda che ci protegge dall' inverno trasforma il panorama in un astratto di luci bagnate.

"Buongiorno Italia col caffè ristretto…"

Itinerario

- Aqaba King Hussein International Airport, Aqaba 77110
- Weekend Hotel Pr. Mohammad Street, Aqaba 77110
- Al-Ghandour Beach King Hussein Street, Aqaba 77110
- Arabic Moon Restaurant Al-Hammamat Al-Tunisiyah Street 34, Aqaba 77110
- Sharif Hussein bin Ali Mosque, Al Malik Husayn, Aqaba 77110 (in restauro) +9627 85711784
- Martial Desert Camp, Rum@Ahmed@yahoo.com +9627 79621533
- Mini Bus Station Wadi Musa Kings Road 35, Wadi Musa 71810
- Family House in Petra, Electricity Street 28, Wadi Musa 71810
- My Mom' s Recepie Restaurant, Tourism Street, Wadi Musa 71810
- Petra Visitor Center, Tourism Street, Wadi Musa 71810
- Reem Beladi Restaurant, Tourism Street, Wadi Musa 71810
- Bukhara Restaurant, Tourism Street, Wadi Musa 71810
- Moab Land Hotel, King Talat Street, Madaba 17110
- Chiesa di San Giorgio, King Talat Street 30, Madaba 17110

- Fokar & Bhar Restaurant, Al-Yarmouk Street, Madaba 17110
- Madaba minibus Station, Zeid Ben Harethah Street, Madaba 17110
- Nobel Hotel, King Al-Hussein Street, Amman 11101
- Amoun Cafè, Balat Al Rasheed King Faisal Street 19, Amman 11101
- Alquds Restaurant Complex n.8 King Al-Hussein Street 8, Amman 11101
- South Bus Station (Amman-Wadi Musa) Khadija Bent Khuwayled Street 77, Amman 11101

Nel deserto del Wadi Rum, Eleonora.

Lightning Source UK Ltd.
Milton Keynes UK
UKHW021010051021
391651UK00008B/496